ESQUISSE

D'UN

ESSAI SUR LA PHILOSOPHIE

DES SCIENCES,

CONTENANT UN NOUVEAU PROJET D'UNE DIVISION
GÉNÉRALE DES CONNOISSANCES HUMAINES ;

Par M. Marc-Antoine Jullien, de Paris, Chevalier de la
Légion-d'honneur, Membre de la Société Philotechnique de
Paris, de la Société royale des Antiquaires de France, de
l'Académie Virgilienne de Mantoue, etc.

« Les lumières chassent les erreurs,
» fixent les principes, amènent la vérité...;
» elles doivent mettre la MÉTHODE à la
» place de la *routine*, les COMBINAISONS
» à la place du *hasard*. »
GUIBERT, *Essai général de tactique.*

A PARIS,

BAUDOUIN frères, Imprimeurs-Libraires, éditeurs de la
REVUE ENCYCLOPÉDIQUE, rue de Vaugirard, n° 36.
EYMERY, à la Librairie d'éducation, rue Mazarine, n° 30.
DELAUNAY, libraire, au Palais-Royal.

1819.

IMPRIMERIE DE Mme HÉRISSANT LE DOUX,
RUE SAINTE-ANNE ; n° 20.

EXTRAIT DES ANNALES ENCYCLOPÉDIQUES,
Cahier du mois de décembre 1818.

AVERTISSEMENT.

Il est difficile de coordonner les savans et les philosophes, pour les faire concourir à l'exécution d'un même plan. Le génie aime l'indépendance : elle est son élément; on ne peut lui prescrire sa marche, ni l'assujétir à des lois. Il paroît cependant possible de combiner et d'associer les efforts et les travaux des hommes livrés à la culture des sciences, de manière que, sans rien perdre de cette liberté de méditation et de pensée dont ils éprouvent le besoin, ils aient à leur disposition plus de ressources et de moyens auxiliaires, une plus grande masse d'observations, de faits, d'expériences, un plus grand nombre de collaborateurs, et qu'ils arrivent ainsi plus promptement à de grands et utiles résultats....

La multitude infinie des connoissances humaines, qui comprend tous les objets matériels dont l'univers se compose, tous les êtres métaphysiques et les productions de tout genre que l'imagination et l'art peuvent ajouter aux ouvrages de la nature, s'offre d'abord à l'esprit comme un immense chaos; une sagacité patiente et attentive peut seule en débrouiller les masses confuses. Elle réussit à les classer avec ordre, de manière que l'ensemble de nos connoissances forme une vaste mappemonde, dont il faut étudier les principales parties, pour apprécier leur étendue, leurs proportions, leurs positions respectives ou leurs rapports mutuels ; il s'agit ensuite de parcourir chacune de ces parties, pour en observer la nature propre et les caractères distinctifs, pour les comparer entre elles, pour en établir, si l'on peut s'exprimer ainsi, les tables statistiques, destinées à présenter les avantages et les secours que l'industrie et le génie de l'homme peuvent en retirer au profit de la civilisation.

Cette *combinaison des littérateurs, des savans, des hommes industrieux ;* cette *division méthodique des connoissances humaines,* rapportées au grand but de l'avancement des lettres, des sciences et des arts, du perfectionnement moral et intellectuel de l'homme : tel est le double objet de l'ouvrage, entrepris depuis l'année 1800, dont on se borne à publier aujourd'hui l'esquisse et les vues principales.

ESQUISSE

D'UN ESSAI SUR LA PHILOSOPHIE DES SCIENCES.

I. INTRODUCTION (1).

Lorsqu'un projet vaste et utile est venu s'offrir à la pensée d'un homme ami des hommes ; lorsque l'auteur de ce projet a pu le soumettre, après l'avoir mûri par la méditation, à plusieurs juges éclairés, et s'appuyer sur leur suffrage, il éprouve le besoin de développer les idées qu'il a conçues, d'en montrer l'origine, la liaison, les conséquences, le but, et surtout de faire entrevoir et apprécier les utiles résultats auxquels peut conduire leur application pratique.

Les plus belles théories demeurent stériles dans le cerveau de leurs inventeurs, si l'application et l'exécution ne leur donnent pas un caractère de fécondité.

(1) Cet écrit, composé depuis plusieurs années, renferme l'introduction et le plan d'un ouvrage projeté et commencé en 1800 (dans l'an VIII), repris et rédigé en partie dans les années 1806, 1807, 1808, et dont quelques feuilles avoient été imprimées, en 1810, chez Firmin Didot ; annoncé dans les notes de l'*Essai général d'éducation*, et de l'*Essai sur l'emploi du temps* (Paris, 1809 et 1810), et dans l'*Esprit de la méthode d'éducation de Pestalozzi* (tom. II. pag. 203-205 ; Milan, 1812) ; toujours interrompu par les cruelles vicissitudes qui ont poursuivi l'auteur. Il dépose ici quelques-unes des principales vues de son ouvrage, qu'il espère pouvoir développer plus tard, lorsqu'il aura le loisir de reprendre et de terminer enfin ce travail.

Mais, si des circonstances contraires, des voyages, des occupations d'un genre absolument opposé, des vicissitudes et des malheurs sans nombre n'ont point permis à l'auteur d'une idée ou d'une méthode nouvelle d'exposer tous les développemens dont elle seroit susceptible; si sa vie, long-temps errante, précaire, livrée à des travaux pénibles qui desséchoient son esprit au lieu de l'exciter et de le nourrir, n'a été qu'un douloureux exil dans des contrées étrangères, loin du beau ciel de la patrie, loin de l'asyle où il auroit voulu recueillir ses pensées, loin des bons ouvrages et des hommes judicieux et instruits qu'il auroit eu besoin de consulter ; s'il n'a vu, pendant vingt-cinq années, aucun terme à cette existence, destructive de ses facultés, incompatible avec toute espèce de méditation suivie, avec la liberté et la tranquillité nécessaires pour exécuter un travail de longue haleine, il a dû saisir au moins quelques heures fugitives, et ne pas se priver tout entier de la meilleure partie de lui-même, des pensées qu'il avoit consacrées aux moyens de servir l'humanité. Il a déposé sur le papier, sinon l'ensemble du projet qu'il avoit conçu, et dont il étoit toujours forcé d'ajourner l'exécution, du moins une ébauche imparfaite de ce projet, qui pourra suffire à quelques bons esprits pour s'en former une idée, pour apprécier ses avantages, pour le conduire à son point de maturité.

C'est par ce motif et dans ce dessein que j'entreprends aujourd'hui de tracer et de publier quelques *vues préliminaires* d'un ESSAI SUR LA PHILOSOPHIE DES SCIENCES, contenant l'exposé d'une méthode d'analyse philosophique, dont l'application simple et facile paroît devoir imprimer aux connoissances humaines, combinées et coordonnées entre elles, une direction meilleure et mieux entendue, et procurer les moyens de rendre leur marche plus sûre et plus rapide.

Tel est le sujet d'un ouvrage auquel j'aurois aimé à pouvoir consacrer vingt années de ma vie, en m'entourant des conseils et des lumières de beaucoup d'hommes instruits, puisque je dois traiter de l'ensemble de nos connoissances, des progrès naturels et possibles de l'esprit humain, et que je ne puis néanmoins me dissimuler ma trop réelle ignorance.

Il devient ici nécessaire de prévenir une objection que mon aveu même fait naître. Comment un homme dont l'instruction, en fait de connoissances positives, est très-incomplète, par l'effet des circonstances qui ont entraîné, englouti, dévoré sa vie, sans lui laisser aucun moyen de satisfaire au besoin qu'il éprouvoit de s'instruire, peut-il se flatter de contribuer efficacement aux progrès des sciences et de l'esprit humain?

Il est donné à quelques hommes dont les dispositions naturelles sont favorisées par l'influence de la sphère dans laquelle ils vivent, et dont la destinée est analogue à leur destination, de se livrer, avec une patience courageuse, à l'étude d'une science particulière. Leurs travaux parviennent à reculer ses limites : ils se bornent à observer et à recueillir, dans les autres sciences, les faits et les observations qui ont des rapports avec celle dont ils s'occupent spécialement; car, le véritable savant ne doit rester absolument étranger à aucune des connoissances humaines qui se touchent par tous les points et s'entrecroisent dans toutes les directions.

D'autres hommes qu'une sorte d'instinct entraîne vers l'étude et l'observation, mais dont la destination et les penchans, en opposition avec leur destinée, sont étouffés par la situation dans laquelle les ont placés la nature et la société, ne peuvent suivre constamment une même direction, ni se renfermer dans la sphère d'une science pour l'étendre et l'agrandir.

Supposez un de ces hommes, lancé tour-à-tour dans des circonstances, dans des contrées, dans des carrières différentes,
obligé de modifier ses travaux, suivant son genre de vie et la
nature de ses fonctions. Il ne peut s'attacher à aucune science
pour l'exploiter et l'approfondir ; mais un besoin impérieux le
tourmente : celui d'ajouter chaque jour à son instruction, de
cultiver et de fortifier son esprit, d'appliquer ses pensées à
des objets utiles, de payer son tribut à la société. Il cherche
alors à se dédommager de ce qu'il lui est interdit d'étudier
une branche particulière des connoissances humaines, en parcou-
rant l'une après l'autre, suivant les occasions, les hommes et
les lieux, les différentes provinces du monde intellectuel ; il observe successivement les productions propres à chacune d'elles,
les lois et les méthodes qui leur sont communes, les rapports
qui les unissent, les barrières qui les séparent, les nuances et
les modifications qui les distinguent, les degrés d'avancement et
de perfectionnement qu'elles paroissent pouvoir atteindre. Il
s'applique enfin à trouver les moyens de leur communiquer
une impulsion plus rapide.

Si aucune science n'a pu rendre d'importans services à l'espèce
humaine, qu'après avoir été détachée des autres et cultivée à
part ; si la division des sciences doit être considérée comme
le principe, la cause et la condition de leurs progrès, tandis
que leur réunion, leur combinaison, les communications et les
échanges, établis entre elles, ont permis de puiser, dans les
unes, les secours et les moyens de direction dont les autres
avoient besoin : ne pourroit-on pas admettre aujourd'hui, comme
une branche particulière et spéciale des sciences, celle qui auroit
pour objet de les observer toutes, séparément et à-la-fois, pour
les rapprocher, les comparer, pour saisir leurs caractères dis-

tinctifs, ou leurs différences essentielles, et leurs points de contact
et d'union?

C'est cette science qu'on pourroit appeler LA PHILOSOPHIE DES
SCIENCES, dont le chancelier BACON avoit conçu l'idée, posé
les bases, publié les élémens. Elle convient surtout à notre
époque et à notre siècle.

Tel homme peut manquer de connoissances positives, et néanmoins être éminemment doué d'un esprit philosophique, propre
à lui suggérer des méthodes utiles pour faire avancer les sciences
même qui lui sont étrangères.

Encouragé par l'approbation de plusieurs hommes distingués
auxquels j'ai soumis les idées et le plan qui doivent présider
à la composition de mon travail, je me hasarde aujourd'hui à
présenter aux amis des sciences quelques uns des matériaux, et,
pour ainsi dire, l'échafaudage de l'édifice qu'il ne m'est pas
encore permis d'élever.

J'ose espérer qu'ils accueilleront et contribueront à perfectionner
la méthode pratique dont je fais entrevoir la nature, l'esprit et le
but. Si l'exposition de mon plan ne porte pas une entière con-
viction dans leur esprit; si même ils croient y distinguer une
théorie plus spécieuse que fondée, un vain produit de l'imagination plutôt qu'une méthode rigoureuse, ils conviendront du
moins que l'ensemble du plan caractérise éminemment un ami
des hommes et des sciences; qu'au milieu de quelques erreurs,
il a pu rencontrer d'utiles et importantes vérités; que son entreprise même, quelque vaste qu'elle soit, deviendroit d'une
exécution facile, si elle étoit adoptée par un de ces chefs des
nations qui n'ont qu'à vouloir fortement pour faire le bien, et
dont la puissance est un immense levier pour exciter l'activité
des hommes placés sous leur influence, pour mettre en action

les vertus ou les vices, le génie ou la médiocrité, pour faire avancer ou reculer la civilisation. Mais, je prie ceux qui ne voudroient voir dans mes idées qu'une chimère plus ou moins séduisante, de ne pas me juger légèrement et de se rappeler que le rêve d'un ami de l'humanité a toujours quelque chose de respectable. Alors même, la pureté des sentimens, la noblesse des motifs qui inspirent un écrivain doivent lui servir d'excuse, et semblent lui donner des droits à l'indulgence et à la bienveillance de ses lecteurs.

J'ai été conduit à l'idée fondamentale de L'ESSAI SUR LA PHI_LOSOPHIE DES SCIENCES, par la pratique, prolongée pendant vingt années, d'une *méthode d'emploi du temps*, qui consiste à recueillir par écrit, à mettre en ordre, à conserver toujours à sa disposition les principaux résultats de sa vie. Comme je me rendois compte, à-peu-près tous les jours, ou du moins à des intervalles très-rapprochés, des divers emplois de mes instans, au milieu d'une vie toujours pleine et occupée, dépendante, vagabonde, surchargée de travaux, d'embarras, d'affaires, de persécutions, de chagrins, de malheurs ; et comme j'écrivois, en marge de mon journal ou *mémorial*, une courte analyse du sujet de chaque article, ou bien un simple *mot de recherche*, à l'aide duquel je pusse facilement le retrouver au besoin ; comme je rapprochois ensuite tous les articles écrits sur un même sujet, au moyen d'une table alphabétique et analytique des matières traitées dans chaque journal, j'avois une sorte de *Compte ouvert* pour chacune des connoissances humaines sur lesquelles j'avois l'occasion de recueillir quelques notions par l'observation, la conversation, ou par la lecture, et pour chacun des objets auxquels j'appliquois successivement ma pensée. Je pouvois, avec les *mots de recherche* et les *numéros de renvois* établis entre les articles qui avoient entre eux quelque analogie, lire un journal particulier d'une époque de ma vie, sous un rapport déterminé, puis sous un autre ; ce qui me permettoit de parcourir beaucoup d'objets différens , sans les mêler ni les confondre ; d'en acquérir des idées nettes et justes, quoique en général incomplètes, et plus souvent superficielles que profondes ; de les comparer à d'autres , de m'élever ainsi à des vues générales , en considérant tour-à-tour une grande variété de sujets, et le même sujet sous plusieurs points de vue.

Les avantages que m'a procurés cette méthode, au milieu même des circonstances les moins favorables à l'instruction, dans le tourbillon d'une vie militaire , toujours errante et active , m'ont déterminé à proposer aux jeunes gens amis de l'étude et surtout de l'ordre , le même moyen dont j'avois long-temps éprouvé l'utilité (1). Ils en tireront facilement un meilleur parti

***

(1) La méthode dont il est ici question se trouve développée dans l'ouvrage intitulé : ESSAI SUR L'EMPLOI DU TEMPS, ou *Méthode qui a pour objet de bien régler l'emploi du temps , premier moyen d'être heureux* (seconde édition , Paris, 1810.) Une traduction du même ouvrage, en langue allemande, par M. le professeur Schulthess, a été publiée à Ratisbonne , en 1811. Dans les années 1812 et 1813, l'auteur de l'*Essai sur l'Emploi du temps*, a fait paroître successivement *deux* petits *livrets* destinés à fournir des instrumens pour appliquer la méthode qu'il avoit proposée : 1° le *Mémorial portatif universel* , ou *livret-pratique d'emploi du temps* , composé de tablettes affectées aux six divisions principales de la vie journalière, dont elles servent à recueillir et à conserver les résultats. (Une *troisième édition* de ce Mémorial, sous le titre d'*Agenda général*, a été publiée à Paris , en 1815. — La Gazette littéraire d'Iéna, du mois de juin 1816, et plusieurs autres journaux d'Allemagne en ont annoncé avec éloge une traduction alle-

que je n'ai pu le faire, parce qu'ils auront l'iustrument tout
disposé, la règle et le compas placés, pour ainsi dire, dans leurs
mains, tandis que j'ai dû faire de longs essais avant d'arriver à
un certain degré de perfection.

Cette méthode d'emploi du temps, quoiqu'elle ne fût encore
qu'une ébauche très-imparfaite, a néanmoins été comme le premier degré de l'échelle par laquelle je me suis élevé à des re-

---

mande, par M. le conseiller aulique Shœck, qui a été publiée à
Tubingue); 2° Le *Mémorial horaire*, ou *Thermomètre d'emploi
du temps*, auquel l'auteur a donné le nom de BIOMÈTRE, *instrument
pour mesurer la vie*, livret composé de tablettes qui permettent
de recueillir, en une minute et sur une seule ligne, pour chaque
intervalle de vingt-quatre heures, les divers emplois et les principaux résultats de la vie, pendant le même espace de temps.

Ces ouvrages, ainsi que l'*Esprit de la Méthode d'éducation de
Pestalozzi*, par le même auteur, se trouvent chez *Baudouin
frères*, *libraires*, *rue de Vaugirard*, n° 36. On en fait ici men-
tion, parce que le nouvel essai dont on présente le squelette et
l'esquisse, n'est que la continuation et devra être le complément
des essais qui ont précédé. C'est toujours la double question de
l'emploi du temps et de *l'éducation*, ou de la formation de
l'homme, reproduite sous de nouveaux points de vue. On a cru
convenable de rappeler comment l'auteur a été conduit, par la
nature de ses observations et de ses travaux, à des considérations
générales et philosophiques sur l'ensemble des sciences et des arts.
Comme il n'a jamais cessé de consacrer ses loisirs à la recherche
des moyens de perfectionner l'homme, l'éducation, les méthodes
d'enseignement, et d'accélérer la marche des sciences, il peut
avoir, sous ce rapport, quelques droits à solliciter, de la part des
hommes judicieux et instruits, un examen réfléchi de l'ébauche
imparfaite qu'il prend la liberté de leur soumettre, dans la seule
vue de s'aider de leurs lumières pour corriger et terminer le travail
qu'il a entrepris.

cherches et à des considérations générales sur la marche de l'esprit humain et sur les sciences. Les *Mémoriaux*, ou *recueils de faits et d'observations*, dans lesquels j'ai déposé successivement les expériences de ma vie, les résultats de mes réflexions, et beaucoup d'instructions puisées dans l'expérience des autres, qui présentent moins des leçons froides et stériles que des tableaux vivans et animés, où se reproduit, comme dans un miroir fidèle, tout ce que j'ai vu et remarqué d'intéressant et d'instructif, m'ont fourni des matériaux variés pour les divers travaux dont j'ai voulu m'occuper. L'esquisse qui va suivre est elle-même extraite en partie de ces mémoriaux. Elle est un des produits de ma *vie méditative* ou *intérieure*, et de ma *vie extérieure et active*.

La *Méthode* nouvelle *de lectures et d'études combinées et coordonnées*, que je développerai dans mon ouvrage, en proposant de l'appliquer, d'une manière générale, pour l'utilité des hommes jaloux de s'instruire, et pour l'avancement des sciences, n'est plus une simple théorie. J'ai commencé par en faire l'essai, dans un cercle peu étendu, avec un petit nombre de collaborateurs : les premiers résultats que j'ai obtenus m'ont fait présumer favorablement de sa bonté.

II. IDÉE GÉNÉRALE, PLAN ET BUT DE L'ESSAI SUR LA PHILOSOPHIE DES SCIENCES.

Je me propose de rechercher comment on pourroit donner une meilleure direction et imprimer une plus grande activité aux travaux et aux efforts individuels qui ont pour objet l'avancement des sciences et des arts.

Déterminer les facultés de l'esprit, qu'il est nécessaire d'associer et de combiner pour faire avancer les sciences et pour obtenir des découvertes ; — rechercher les moyens de tirer le meilleur parti possible de ses études et de ses lectures, pour cultiver et développer ses facultés intellectuelles et pour acquérir des connoissances positives, aussi complètes que la nature des choses le permet; au lieu d'accabler, pour ainsi dire, son esprit sous le poids d'une érudition indigeste qui le rendroit incapable de rien produire; — assigner le véritable but des connoissances humaines et des productions de l'intelligence, le caractère essentiel des découvertes et leur principal objet, *l'adoucissement, l'amélioration de la condition humaine*; — exprimer leur loi de génération, démontrée par des faits, ou les causes qui contribuent à les produire; — indiquer les moyens de multiplier ces causes productives, et, par une conséquence nécessaire, leurs effets, ou d'obtenir un plus grand nombre de découvertes utiles à l'humanité; — faire apprécier les circonstances qui peuvent favoriser, dans notre siècle, l'application de ce moyen; — calculer et signaler, pour les combattre et pour diminuer leur puissance, les principaux obstacles qui semblent s'opposer aux progrès des sciences et des arts : — telles sont les considérations préliminaires qui serviront de bases à mon travail.

Ces vues générales nous conduiront à l'exposition d'une méthode pratique de lectures et d'études coordonnées entre elles, qui permet de lire, dans un espace de temps déterminé, un plus grand nombre d'ouvrages qu'on ne le fait ordinairement, et de les lire avec plus de fruit. Je tâcherai de faire comprendre comment on peut rendre générale l'application de cette méthode, au profit des savans, des jeunes gens, et même des hommes du monde, par l'usage d'une sorte de *langue analytique*, ou d'une collection de signes convenus, destinés à procurer, dans les relations scientifiques, philosophiques et littéraires, les mêmes avantages que la monnoie, les lettres de change, les poids et les mesures procurent dans les relations commerciales. Je proposerai, dans la même vue, le modèle d'un *bulletin bibliographique*, qui feroit participer chacun des coassociés de notre entreprise littéraire aux recherches et aux lectures de ceux qui s'appliquent à la même branche des sciences que lui. J'exposerai enfin les effets qu'on a déjà obtenus par l'emploi d'une semblable méthode d'études et de lectures coordonnées, appliquée dans un cercle étroit, seulement à des ouvrages historiques et à quelques considérations positives, morales et politiques, et j'espère montrer la possibilité d'en faire une application plus utile, dans une sphère plus étendue, avec un plus grand nombre de collaborateurs.

Ici se terminera notre première partie. Les idées qu'elle renferme seront une sorte de préparation à la seconde, dans laquelle nous mettrons, pour ainsi dire, notre méthode en action.

Cette seconde partie présentera, pour le développement de nos vues :

1° Un *précis analytique de la philosophie et des ouvrages de Bacon*, dont les recherches sont dirigées dans le même esprit et vers le même but que les nôtres ;

2° Une série de quelques *principes* ou *lois générales*, susceptibles d'être appliqués et vérifiés dans toutes les branches des connoissances humaines, qui peuvent servir de fondemens à toute espèce de méthodes, et particulièrement à celle que nous exposons ;

3° Une *classification nouvelle et raisonnée des sciences*, qui doit nous fournir la carte des pays dans lesquels nous conduisent nos recherches, la connoissance des routes qu'il convient d'y suivre, et les moyens de nous y diriger;

projet encore informe, et seulement ébauché, d'un

alphabet scientifique et philosophique, à l'aide duquel il paroît possible de rendre plus faciles, plus actives, plus fécondes en résultats les communications entre les hommes instruits et observateurs (1);

5° Un projet d'organisation d'une sorte de *légion* ou d'*association scientifique*, destinée à mettre à exécution ce que j'oserois appeler un plan de campagne dans le monde intellectuel, c'est-à-dire, à faire de nouvelles conquêtes ou des découvertes dans les différentes branches des sciences (2) ;

————————————

(1) « Peut-être seroit-il utile aujourd'hui d'instituer une langue écrite qui, réservée uniquement pour les sciences, n'exprimant que ces combinaisons d'idées simples qui se retrouvent exactement les mêmes dans tous les esprits, n'étant employée que pour des raisonnemens d'une rigueur logique, pour des opérations de l'entendement précises et calculées, fût entendue par les hommes de tous les pays, et se traduisît dans tous les idiômes, sans s'altérer, comme eux, en passant dans l'usage commun..... Ce genre d'écriture deviendroit, entre les mains de la philosophie, un instrument utile à la prompte propagation des lumières, au perfectionnement des méthodes et des sciences. » (CONDORCET, *Esquisse d'un tableau historique des progrès de l'esprit humain.*)

(2) J'aime à pouvoir citer l'exemple du savant et respectable LAVOISIER, qui a employé, pour l'avancement de la chimie, une sorte de combinaison d'hommes instruits, livrés à l'étude de cette science, auxquels il donnoit l'impulsion. Des conférences avoient lieu entre eux trois fois par semaine : on y déterminoit la marche à suivre pour interroger la nature, l'ordre des travaux, la manière de conduire les expériences. On arrêtoit d'avance les séries de problèmes à résoudre, les recherches à faire, les moyens à employer : on s'animoit, on s'éclairoit, on s'aidoit mutuellement. — C'est ainsi qu'en six ans on a fait faire à la chimie plus de progrès qu'elle n'avoit faits depuis un siècle.

6° Enfin, un *résumé général*, contenant l'ensemble des vues qui doivent animer les coopérateurs de l'entreprise, simple et facile dans ses moyens d'exécution, vaste et utile dans ses résultats, que nous proposons avec confiance aux amis des sciences et de l'humanité. — Elle convient surtout aux jeunes gens qui veulent tirer tout le parti possible de leurs facultés intellectuelles : leur âge est celui du zèle, de l'activité, de l'amour lu bien, de l'espérance qui excite les hommes, de l'énergie qui les soutient et qui double leurs forces.

L'idée d'organiser et de combiner entre eux les hommes qui cultivent les sciences, ne doit point faire concevoir une prévention défavorable contre notre plan : on s'est attaché, dans cette organisation, ou plutôt dans cette combinaison dont notre état social fournit le modèle, à concilier le respect dû à l'indépendance individuelle, élément nécessaire du génie et de la pensée, avec tous les avantages qu'on peut retirer de la combinaison et du concours de plusieurs individus associés pour obtenir, en moins de temps, des produits plus importans de leurs travaux : chacun conservera toute sa liberté de développer et d'employer ses facultés dans la sphère d'activité qu'il s'est choisie, ou dans celle qui lui est assignée par sa position.

Il entre à-la-fois dans notre plan d'examiner avec attention l'état actuel des sciences et des arts, et d'en établir une classification aussi exacte et aussi complète que la nature des choses et celle de l'esprit humain peuvent le permettre. La formation de cette mappemonde intellectuelle, à laquelle seront annexées des cartes analytiques et philosophiques de chacune des connoissances humaines, considérées comme autant de provinces d'un grand empire, donnera lieu d'exposer des vues nouvelles, relatives à notre méthode, sur la nature et la marche de l'esprit humain, sur l'essence et le but des sciences.

Puisque ce but, commun à toutes les sciences sans exception, est le bien-être des individus et des sociétés, les particuliers, les nations, les gouvernemens sont également intéressés à favoriser leurs progrès et à seconder les travaux des hommes qui peuvent y contribuer. Les véritables savans aiment à reculer les limites de leur empire. C'est pour leur usage qu'il importe surtout d'y multiplier les grandes routes ou les moyens de communication, les méthodes et les moyens de perfectionnement. Les ignorans eux-mêmes, les hommes légers et superficiels, qui affectent quelquefois une sorte de mépris pour les sciences et pour ceux qui les cultivent, ont un intérêt personnel à ce qu'elles reçoivent un grand accroissement ; ils ont aussi leur part dans les bienfaits que procurent à la grande famille sociale, et à chacun de ses membres, les nouvelles découvertes et les progrès des sciences et des arts.

Nous traitons donc évidemment des plus chers intérêts de l'humanité, en appliquant nos méditations aux moyens de faire avancer les connoissances humaines, et d'étendre la puissance de l'homme sur la nature.

Nous ne séparons point la philosophie des sciences de la philosophie morale et des sentimens religieux qui élèvent, anoblissent, purifient notre intelligence. Car, ces sentimens, en offrant à l'homme le plus sublime modèle dans le souverain auteur de l'univers, animent toutes les conceptions par cette bienveillance universelle, dont la morale nous fait une loi, un besoin, une récompense : ils dirigent constamment les efforts de la pensée vers le bien de l'humanité, qui est l'œuvre la plus agréable au Créateur.

J'ose ici réclamer l'appui de votre influence et de vos honorables suffrages, ô vous, compagnes de nos destinées, femmes, dont la pénétration, qui est une sorte d'instinct, la sensibilité vive et profonde, qui agit si puissamment sur nos âmes, le tact fin et délicat, le jugement exquis vous appellent à prononcer sur toutes les productions de la pensée. Vos regards et vos discours ont souvent enflammé les héros, les chevaliers, les troubadours, les poëtes, les grands écrivains : vos mains leur ont distribué les palmes de la gloire. Pourquoi refuseriez-vous d'encourager, d'animer, de récompenser par votre approbation les savans, les philosophes et leurs jeunes disciples, lancés dans une vaste et difficile entreprise, où l'imagination et le génie de nouveaux Colomb doit créer ou du moins découvrir de nouveaux mondes ?

Il s'agit de produire, *en dix ou quinze années*, par une meilleure combinaison des hommes livrés à l'observation de la nature et à la culture des sciences, par une méthode simplifiée de communications et d'échanges entre eux, des résultats d'avancement et d'amélioration, qui, par la marche naturelle et ordinaire des choses, ne seroient obtenus, dans les sciences, qu'après *un siècle entier* de travaux.

Le motif est pur, le sujet grand, l'intérêt universel, la tentative noble et utile; le résultat, lors même qu'il ne réaliseroit pas toutes les espérances qu'on a osé concevoir, est encore digne d'exciter les amis de l'humanité, les vrais philosophes, les jeunes gens tourmentés du besoin généreux de s'illustrer, en éclairant et en servant leur patrie. Tout se tient. Les époques réparatrices suivent de près les époques de convulsions et d'orages; les créations succèdent aux désastres, et s'élèvent sur les ruines. Le siècle des évènemens extraordinaires doit se montrer, aux yeux de l'avenir, et en présence de l'histoire qui déjà saisit son burin pour en tracer le tableau, riche de tous les genres d'avancement social et de véritable gloire......

III. Analyse et sommaires des chapitres de l'essai sur la
philosophie des sciences.

A la suite des vues préliminaires qu'on vient d'exposer, pour
faire apprécier le plan et le but de l'auteur : *donner une meilleure
direction et une plus grande activité aux travaux intellectuels ;*
il suffit d'indiquer sommairement les titres et les sujets des chapitres dont sera composé l'ouvrage, et qui sont déjà en partie
rédigés depuis plusieurs années.

PREMIÈRE PARTIE.

Chapitre premier. — De deux forces intellectuelles, *l'érudition* et la *méditation*, à concilier et à combiner d'une manière
nouvelle et perfectionnée, pour faire avancer les sciences. —
La *première* s'enrichit des travaux des differens siècles, con-
sulte et recueille les faits des temps passés et ceux qu'elle puise
dans l'expérience de chaque jour ; la *seconde* communique
aux faits bien choisis et bien observés une sorte de fécondité :
elle en déduit des conséquences ; elle s'élève des faits particuliers
aux principes généraux.

Il faut éviter deux écueils dans l'étude : — 1° ne point
surcharger son esprit par des lectures trop multipliées, nécessairement mal digérées ; 2° ne point trop circonscrire la sphère
de ses lectures et de ses observations. — On doit garder un juste
milieu, pour s'instruire avec méthode et avec fruit.

Chap. II. — Des livres en général et du parti qu'on en peut
tirer, pour procurer la plus grande force d'*érudition* unie à la
plus grande force de *méditation*.

1° L'immense multitude de livres, qui semble obstruer

toutes les routes des sciences, devient, sous quelques rapports, un *obstacle* aux progrès de l'instruction. Il faut oser et savoir en faire un *moyen de succès*. — 2° Les meilleurs ouvrages n'offrent qu'un petit nombre de pages utiles et instructives à retenir ou à revoir; dans les ouvrages les plus médiocres, il existe au moins quelques lignes à recueillir et à consulter.—3° On pourroit, par un bon choix de *faits* et de *pensées*, réduire plusieurs millions de volumes à un certain nombre de *cahiers analytiques*, classés d'après des séries de divisions et de subdivisions convenues pour les différentes sciences. La substance de tous les livres, de tous les produits de l'esprit humain, depuis que l'homme a pu les conserver et les transmettre de génération en génération, seroit ainsi réunie sous le plus petit volume possible, par un travail dont la conception, hardie et gigantesque, semble d'abord effrayer la pensée, mais dont l'exécution peut devenir simple et facile par la double puissance de la *division* et du *concours*. Les hommes d'un génie supérieur auroient ainsi à leur disposition, pour en tirer parti, les pensées lumineuses, les expériences fécondes, les faits productifs en tout genre, épars dans l'immensité des écrits que nous ont légués les siècles et les peuples : chaque objet étant classé avec ordre dans la case ou série qui lui seroit assignée, il n'existeroit ni perte de temps, ni confusion, ni embarras dans les recherches. La *méditation* seroit libre et active, au milieu des trésors de la plus vaste *érudition*. —4° Il faut donc oser résoudre ce problème : exploiter, en quelques années, au profit de ceux qui observent la nature, qui cultivent les sciences ou qui pratiquent les arts, tous les livres de sciences, de philosophie et d'histoire, accumulés ou plutôt ensevelis dans nos bibliothèques; fouiller et remuer dans tous les sens le vaste terrain de l'histoire et des sciences.

CHAP. III. — *But commun des sciences et des arts : le per-fectionnement moral de l'homme ; le bien-être ou le bonheur des individus et des sociétés ; l'adoucissement, l'amélioration de la condition humaine sur la terre.* — Coup-d'œil général et rapide sur l'enfance des sociétés, leur marche et leurs progrès, sur les causes de leur perfectionnement ou de l'avancement social, entravé quelquefois par une impulsion violente, momentanément rétrograde, mais qui tend toujours à reprendre son cours naturel et progressif. — Origine et berceau des nations: division du travail, échanges ; peuples chasseurs, pasteurs et nomades, agriculteurs et sédentaires, commerçans et navigateurs. — Tableau comparatif et rapprochement des siècles d'ignorance et des siècles de lumières. — Examen de cette question : si la civilisation a été plus avantageuse que nuisible. Réfutation de J. J. Rousseau par lui-même, et par une accumulation victorieuse de faits et d'observations puisés dans l'histoire. — Rapports nécessaires entre les sciences et la morale : progrès simultanés de l'instruction plus généralement répandue, des richesses plus également partagées, et des vertus, ou des qualités morales et des habitudes sociales qui unissent les hommes.

CHAP. IV. — Des *découvertes* et des *inventions*, et de leur objet. — Coup-d'œil général et rapide sur les principales découvertes qui ont le plus efficacement contribué à l'adoucissement de la condition humaine et à l'avancement social. — Mécanisme de la parole, invention de l'alphabet, formation des langues ; calcul, écriture, dessin, imprimerie..... boussole, poudre à canon, paratonnerres, télégraphes, aérostats, parachutes, ... vaccine, machines à vapeur.... etc.

Caractères distinctifs des découvertes : 1° elles ne sont pas seulement inconnues, mais souvent même réputées impossibles, avant d'être proclamées par leurs auteurs, constatées par l'expérience et consacrées par l'usage; cependant, elles ne sont jamais que des applications de moyens ou de procédés déjà connus, employés d'une manière nouvelle et inconnue. La marche constante et invariable de l'esprit humain est du connu à l'inconnu. — 2° Elles contribuent, dès qu'elles existent, et à mesure qu'elles s'étendent et se perfectionnent, aux progrès de la civilisation, c'est-à-dire, au bien-être des hommes et des sociétés, quoiqu'il puisse arriver que l'homme, qui abuse des meilleures choses, corrompe l'usage des découvertes et des inventions les plus utiles, et les fasse tourner contre lui.

Loi de génération des découvertes. — Trois causes principales paraissent avoir produit les découvertes et les inventions de tout genre : 1° le *hasard*, ou plutôt une réunion de circonstances indépendantes de la volonté de l'homme, dont il ne peut analyser ni calculer les chances, infiniment variables et indéterminées; 2° l'*observation*, qui épie et recueille les chances et les produits du hasard, ou les phénomènes qu'un heureux concours de circonstances peut lui fournir, et qui les confie aux deux facultés intellectuelles déjà citées : à l'*érudition* destinée à rassembler et à conserver les faits lumineux et instructifs; à la *méditation* chargée de les mettre en valeur; 3° le *concours* ou la combinaison bien ordonnée d'efforts individuels dirigés vers un même but, qui permet d'appliquer d'une manière générale, par des expériences mises en rapport entre elles, les faits en quelque sorte bruts, présentés par le hasard, puis fécondés par l'observation et la méditation, d'où résultent des inventions ou des découvertes.

CHAP. V. — *Moyens de multiplier les découvertes, en multi-*

pliant les causes qui les produisent. — Si, chaque fois qu'on étudie l'histoire d'une découverte pour remonter à son berceau, on retrouve l'influence et l'action des trois mêmes causes, pourquoi n'oseroit-on pas espérer et entreprendre de réunir, de combiner, de multiplier, chez des nations et dans un siècle très-éclairés, ces trois causes fécondes, qui paroissent avoir concouru à produire toutes les découvertes, qui peuvent en créer de nouvelles, et qui doivent nécessairement faire avancer et fructifier les sciences ?

1° Multiplier à l'infini, avec adresse et sagacité, dans un intervalle de temps déterminé, les *chances du hasard*, ou les collections de faits instructifs, présentés à l'esprit humain.

2° Multiplier, dans la même proportion, les *observations* appliquées à ces chances du hasard et les forces combinées de l'*érudition* et de la *méditation*, dirigées d'après des méthodes, qui soient des espèces de machines ou d'instrumens mécaniques, et qui puissent rendre à l'intelligence les mêmes services que la règle et le compas rendent à la main : fortifier ainsi l'esprit dans l'acte de l'invention, ou, suivant Bacon, perfectionner l'*art d'inventer.*

3° Multiplier les *combinaisons de travaux et d'efforts individuels*, bien coordonnés, destinés à rendre les expériences plus générales, plus décisives, à constater les faits de la nature d'où l'art peut en déduire de nouveaux qui soient utiles à l'homme, enfin, à créer des résultats ou des découvertes.

Chaque siècle a produit ses découvertes, dont le nombre et l'importance paroissent toujours en proportion avec la masse des lumières plus ou moins abondante, plus ou moins également répandue. Chaque siècle en produira nécessairement encore, et les mêmes causes agiront. Leur degré de force et d'intensité dépend, d'abord, des chefs des peuples et des gouvernemens ; puis, des hommes les plus instruits dans chaque branche des sciences, qui

doivent étudier ces causes, les mettre en œuvre, rechercher et
appliquer les moyens de leur imprimer plus de mouvement,
d'action et de vie.

On s'est occupé de toutes les sciences et de tous les arts. On a
négligé le grand art de créer et d'avancer les arts et les sciences,
l'art d'inventer, qui doit à-la-fois descendre à la dernière analyse
et remonter à la plus grande généralité.

CHAP. VI. — Les princes souverains et les chefs des états sont
les plus intéressés à favoriser les découvertes et les inventions
utiles, et tous les progrès des sciences et des arts : ils sont les
premiers à en jouir, et la gloire en rejaillit toute entière sur eux.
Alexandre-le-Grand, Auguste, Léon X, François Ier, Louis XIV
sont redevables de l'éclat qui s'attache à leurs noms et à leurs
règnes, aux grands hommes que leur temps a produits, et dont
ils ont protégé les travaux.

Les rois Pepin et Charlemagne eurent à leur usage les deux
premières pendules connues en Europe. Le roi Henri II porta
les premiers bas de soie fabriqués en France. Le roi François Ier
posséda le premier carrosse qu'on eût vu à Paris. Le gouvernement actuel conserve seul encore à sa disposition les télégraphes,
qui seront un jour étendus et appliqués aux relations commerciales et individuelles, et qui ajouteront à la facilité, à la mul-
tiplicité des communications et des échanges, première cause de
tout avancement social, comme l'ont fait les grandes routes, les
canaux de navigation, les voitures, les vaisseaux, les postes aux
chevaux, les postes aux lettres; l'écriture, l'imprimerie, la monnoie, les lettres de change, etc.

Le génie et l'industrie sont les tributaires de la puissance et
de la richesse, qui deviennent réciproquement les tributaires de
l'industrie et du génie.

Quand les talens, au lieu d'être soutenus, excités, récompensés par l'autorité, languissent négligés dans l'abandon et dans la misère, et sont même souvent flétris par l'humiliation, par le mépris, par la dépendance, le terrain qu'ils doivent féconder demeure stérile et inculte, enseveli sous les ronces et les ruines; le génie étouffé ne peut rien produire; la puissance n'en reçoit aucun tribut : elle se prive de son plus grand moyen de force et de son plus noble privilége. Il faut donc, pour le bonheur des états et pour la gloire des princes, une sainte et indissoluble alliance entre le *génie* qui invente et qui crée, le *talent* qui éclaire et met en œuvre les productions du génie, et la *puissance* qui répand et maintient les principes d'ordre et de vie dans le corps social.....

Non-seulement, les gouvernemens et les chefs des nations sont intéressés à voir se multiplier les découvertes; ils le sont encore à les mettre à la portée du public, à les propager et à les répandre. Ils en tirent eux-mêmes de plus grands avantages; ils donnent naissance à de nouvelles inventions ou à des perfectionnemens dont ils sont encore les premiers à profiter. Un examen plus général, fait par un plus grand nombre de personnes, et plus publiquement, avance l'art ou la science....

CHAP. VII. — Problème à résoudre par les amis des sciences au profit de l'humanité : « obtenir, en peu d'années, les inventions et les découvertes, qui, autrement, n'arriveroient qu'après plusieurs siècles. »

Les avantages seroient immenses; qui pourroit les contester? Le développement des moyens à employer doit fournir une démonstration mathématique de la possibilité, de la probabilité, de la presque certitude du succès.

Trois circonstances nous sont favorables :

1° Un siècle très-éclairé, approvisionné d'une infinité de connoissances , de méthodes , de ressources en tout genre, et muni de tous les secours que lui fournissent les travaux et les découvertes des siècles antérieurs.

2° Plusieurs capitales populeuses , centres et foyers de lumières , qui renferment un grand nombre d'hommes instruits et laborieux , d'établissemens consacrés à l'instruction publique , aux sciences et aux arts , et qui ont des moyens faciles de communication , soit entre elles , soit avec les autres parties du monde civilisé.

3° Quelques chefs de gouvernemens , amis des hommes et protecteurs des sciences , environnés d'hommes supérieurs dans tous les genres , fatigués des malheurs de la guerre , éclairés sur les dangers et la fausse gloire des conquêtes , qui , après avoir posé les bases d'une paix solide , veulent illustrer leurs noms , leurs règnes , leurs pays et leur siècle par une gloire pure et durable , rapportée au bien de l'humanité.

Reprenons ces trois élémens de succès :

I. Notre siècle est une époque favorable. — Le génie de Bacon avoit percé les ténèbres , qui enveloppoient , de son temps , les contrées de l'Europe. — L'encyclopédie , ouvrage défectueux et incomplet à plusieurs égards , mais qui n'en est pas moins un monument très remarquable des efforts de l'esprit humain , a présenté , de nos jours , un commencement d'exécution du vaste plan tracé par ce grand philosophe. — L'école polytechnique a été une conception heureuse de notre âge , mais, si j'ose le dire , pas assez développée. — La disposition générale des esprits tend au perfectionnement moral de l'homme et à l'amélioration des institutions publiques.

Quelques individus néanmoins voudroient faire reculer notre âge , et seroient eux-mêmes victimes du mouvement rétrograde qu'ils s'efforcent imprudemment de lui imprimer.

Tout se tient. Si l'instruction est moins libre et moins répandue, vous aurez moins de lumières, moins de richesses, moins de résultats d'avancement et de bien-être, moins d'aisance dans les familles et de prospérité dans l'état ; vous aurez enfin moins de justesse dans les esprits, moins d'élévation et d'étendue dans les pensées, moins d'énergie dans les âmes, moins de générosité dans les sentimens, moins d'orgueil national puisé dans la conscience de ses forces et dans un amour bien entendu de la gloire, moins d'attachement et de dévouement au prince et à la patrie, moins de talens, d'activité, de succès, dans l'agriculture, dans l'industrie, dans les sciences et dans les arts, dans la guerre et dans la politique..... Vous, qui tentez de nous replonger dans des systèmes usés par la rouille du temps ou détruits par la force des choses, avez-vous bien calculé dans quel abyme d'avilissement et de malheur nous précipiteroit le succès de vos vœux insensés ?...

L'état progressif est le seul qui convienne aux nations, comme aux individus. *L'état stationnaire* est pareil à l'eau dormante qui croupit et se corrompt. *L'état rétrograde* est plein de dangers et de calamités.

La gloire commune des grands princes fut d'être toujours en avant de leur siècle, de le faire avancer avec eux par la force de leur génie, ou par les encouragemens donnés aux hommes de génie qui les environnoient. Tel est aussi le caractère, telle sera la gloire de quelques princes contemporains qui ont manifesté, dans plusieurs circonstances, la noblesse de leurs vues, la grandeur de leurs plans, la direction de leurs pensées généreuses et créatrices.....

En évitant à-la-fois, et de trop s'enthousiasmer pour l'état actuel des sciences, et de trop le déprécier, on ne peut se dissimuler qu'elles ont fait, de nos jours, des progrès rapides. Un grand mouvement a été imprimé à l'Europe savante, comme à l'Europe militaire et politique; une grande impulsion a été donnée à tous les esprits, dans toutes les classes; une communication rapide et générale s'est opérée entre les peuples; *il faut diriger cette activité.* C'est après l'inondation du Nil que ses bords sont couverts de productions variées et abondantes.

Les révolutions et les guerres sont, il est vrai, des *obstacles* à la marche et aux progrès de la raison humaine. Mais, dans les obstacles même, il faut chercher des *élémens de création et de succès.* La chimie apprend à la médecine à changer des poisons actifs en remèdes salutaires.

II. Nos capitales, si grandes et si populeuses, comptent dans leur sein un très-grand nombre d'individus avides de s'instruire et voués à la culture des sciences. Mais, la plupart des savans et de ceux qui aspirent à le devenir, épars et isolés, se livrent séparément à la lecture et à l'étude avec moins de fruit qu'ils ne pourroient le faire, s'ils avoient la faculté d'associer et de combiner leurs efforts et leurs travaux. Il s'agit d'organiser, de diriger, de coordonner ces élémens, sans que personne soit détourné de ses méditations et de ses occupations habituelles.

III. Des chefs de gouvernement, puissans et éclairés, qui président à leur siècle et à l'Europe, qui tiennent dans leurs mains les destinées de plusieurs peuples et les générations de plusieurs siècles, sont un immense levier pour arracher les hommes des ornières de la routine, pour remuer toutes les forces disponibles, pour faire avancer, grandir et circuler les connoissances. Les gouvernemens constitutionnels et représentatifs, déjà établis ou qui doivent s'établir sur différens points, favorisent, par leur nature, le libre développement de l'esprit humain.

Chez les François, un monarque législateur, libéral, éclairé, qui est en paix avec tous les gouvernemens de l'Europe, sent le besoin d'assurer à sa nation la seule gloire qui lui convienne désormais, celle d'offrir à la grande famille européenne le grand et utile exemple du perfectionnement des sciences et des arts, dirigés vers le bien de l'humanité.

Nous pouvons reproduire et appliquer, d'après ces nouvelles données, les trois moyens fournis par l'expérience, qui ont produit jusqu'ici les découvertes et qui en font espérer d'autres.

1° Des *chances du hasard* multipliées à l'infini, accumulées dans un court espace de temps et sur presque tous les points du monde à-la-fois. Dans ces chances du hasard sont compris les faits que j'appelerai *productifs*, riches en conséquences et en résultats, épars çà et là, soit dans les livres et dans les ouvrages des hommes, soit dans l'univers et dans les productions de la nature, et qui n'attendent qu'un coup - d'œil du génie pour être convertis, par des applications savantes, en procédés utiles à l'humanité.

2° Des *méthodes* bien combinées, auxquelles les faits eux-mêmes servent de bases, qui soient puisées dans l'*observation*, la *méditation* et l'*expérience*, dirigées vers la *recherche des causes*, propres à fournir des espèces de règles et de compas pour guider l'esprit, employées avec une constante persévérance, jointe à l'activité et à la sagacité.

3° Un *concours* général, une heureuse *association*, une *combinaison* régulière d'un grand nombre d'efforts individuels et isolés, dirigés uniformément, quoique dans des sphères différentes, avec des modifications infiniment variées, par une méthode bonne et sûre, vers un même but déjà signalé.

Si les élémens, les matériaux, les ouvriers, les devis, les

plans, les circonstances existent, sachons en tirer parti; commençons à les mettre en œuvre.

CHAP. VIII. — TROIS OBSTACLES principaux semblent s'opposer aux progrès des sciences et retarder la marche de l'esprit humain.

1º L'isolement et la foiblesse individuelle de l'homme;

2º La brièveté de sa vie;

3º La paresse et l'inertie qui lui sont naturelles.

On peut opposer trois puissans moyens à ces obstacles.

1º Pour corriger les inconvéniens qui résultent de l'isolement et de la foiblesse des individus, il faut réunir et coordonner les efforts d'un grand nombre d'hommes livrés à divers genres d'études. Il faut offrir à chacun de ceux qui cultivent les sciences des moyens immenses disponibles, des matériaux précieux, des ressources inépuisables, la manière de les employer; enfin, des collaborateurs et des auxiliaires intelligens et actifs, qui lui procurent une grande économie de temps et de travail, dont le concours augmente ses forces individuelles dans une proportion qu'il puisse en quelque sorte étendre à volonté. Il suffit de combiner, dans cette vue, par une méthode simple et facile, des travaux isolés et divergens, qui recevront une impulsion et une direction communes.

2º Voulons-nous faire cesser les plaintes souvent fondées de ces hommes isolés qui succombent au milieu de leur carrière, dans la force de leur âge, quand ils espéroient toucher au but de leurs travaux, qui accusent alors la brièveté de leur vie, en voyant s'évanouir le fruit des expériences d'une longue suite d'années?.... Mettons à la disposition de chacun des individus livrés aux sciences une *méthode commune de lectures, de recherches et d'études*, facilement praticable, tendante à doubler,

j'oserois même dire, à décupler l'existence par les avantages
qu'elle procure, ou bien à donner, chaque année, les produits
de deux, de trois, et même de dix années de travaux.

Voyez ces mortels respectables, qui, réduits à leurs seules
forces, ont pâli sur les livres, ont pénétré péniblement dans les
profondeurs des sciences, et que la mort vient frapper, lorsqu'ils sont prêts à dérober à la nature un de ses plus importans
mystères. — « Si quelques années de plus, dit l'un deux, pou-
voient m'être accordées, je léguerois une découverte précieuse
à mes semblables. » — Notre méthode bien appliquée tend réelle-
ment à prolonger la vie des hommes instruits et laborieux. Au
moyen des vastes ressources placées dans leurs mains, des nombreux auxiliaires associés à leurs travaux, ils pourront, avec dix
années de recherches et de méditations, terminer l'ouvrage et
obtenir les résultats qui auroient exigé plus d'un siècle.

3° Pour remuer et secouer fortement la paresse et l'apathie
trop naturelles à l'esprit humain, il faut mettre en action tous
les ressorts qui peuvent lui donner de l'impulsion et de l'é-
nergie. On doit communiquer une sorte de commotion élec-
trique à tous les esprits et à tous les cœurs des hommes éclairés
et généreux, par le tableau des résultats peu éloignés d'une vaste
et utile entreprise, dont ils peuvent devenir coopérateurs. Il faut
leur offrir un puissant mobile, la possibilité démontrée de réa-
liser promptement les plus nobles espérances, la presque certitude de parcourir, en peu d'années, une immense carrière,
dont l'accès soit rendu facile, et d'atteindre un but déterminé,
d'une utilité réelle, grande, incontestable, le but le plus propre
à irriter les désirs et la curiosité, à exciter, à soutenir, à récompenser les amis des sciences et les amis des hommes : *l'ex-
tension de l'empire de l'homme sur la nature; l'augmentation
de ses moyens de science, de puissance et de bonheur.*

Ainsi, les obstacles qu'on a signalés se trouvent diminués et en partie vaincus. Ainsi, nous 'pouvons obtenir, en moins de quinze ou vingt années, les améliorations en tout genre et les découvertes utiles dans les sciences et dans les arts, qui, par la marche naturelle et ordinaire des choses, seroient à peine le produit lent et progressif d'une succession de cinquante ou même de cent années de travaux.

N. B. Les bornes de cet extrait nous obligent à donner seulement les titres des chapitres suivans, pour faire apprécier la nature et l'étendue du plan suivi par l'auteur.

CHAP. IX. — Première application, dans une sphère peu étendue, avec un petit nombre de collaborateurs, d'une *méthode d'études et de lectures coordonnées*, appliquée seulement à des ouvrages historiques et à des recherches sur des objets déterminés d'avance. — *Alphabet particulier des recherches historiques*, ou collection de signes convenus, sorte d'écriture analytique et philosophique, pour appliquer cette méthode. — *Bulletin bibliographique*, ou d'extraits analytiques de lectures coordonnées, pour assurer des communications régulières, périodiques, promptes et faciles, entre les co-associés. — Effets qu'on peut espérer dans une sphère plus vaste, d'après l'expérience des succès obtenus dans une réunion peu nombreuse, où cette méthode a été appliquée.

SECONDE PARTIE.

CHAPITRE X. — Précis analytique de la *Philosophie de Bacon;* esprit et but de ses recherches. — Continuation du travail encyclopédique de Bacon, dirigé vers un but positif, au moyen d'une méthode-pratique.

Chap. XI. — De *dix lois générales* ou *vérités principes*, proposées comme pouvant servir de bases à toute espèce de méthodes, et spécialement à la nôtre, et comme susceptibles d'un nombre infini d'applications pratiques dans les sciences, dans les arts, dans la philosophie générale et dans la conduite de la vie.

TABLEAU ANALYTIQUE

DE DIX LOIS GÉNÉRALES

Qui se reproduisent dans toutes les choses humaines.

1. ... Loi du point d'appui.—*En tout, il faut un point d'appui.*

2. ... Loi de génération, ou des causes.—*Nul effet sans cause.*

3. ... Loi de la chaîne universelle. — *Tout se tient dans le monde.*

4. ... Loi de la gradation, ou de l'échelle. — *Tout est série et gradation.*

5. ... Loi de la division et de la réunion. — *Il faut diviser et réunir pour créer. — La division et la réunion sont deux principes générateurs qui doivent se combiner pour produire.*

6. .... Loi des échanges et du concours. — *Tout est échange entre les hommes et entre tous les êtres. — Les échanges sont un principe nécessaire de création : le concours, résultat des échanges, est un principe de force.*

7. ... Loi de la balance ou de l'équilibre. — *En tout, il faut un juste milieu.*

8. ... Loi de l'action et de la réaction, ou du mouvement alternatif universel. — *Tout est action et réaction dans la nature.*

9. ... Loi du mélange universel du bien et du mal. — *Tout est mêlé de bien et de mal dans les choses humaines.*

10. ... Loi du but. — *En tout, il faut un but.*

A la loi du *mélange universel du bien et du mal*, se rattachent les deux considérations suivantes, qui peuvent être considérées comme deux lois secondaires :

1° Loi des obstacles rendus utiles. — *Tout obstacle peut devenir un élément et un moyen de succès.* — *Il n'est aucun inconvénient dont la sagesse et la réflexion ne puissent retirer quelques avantages.*

2° Loi des proportions, ou des relations, des convenances, des harmonies. — *Tout est relatif.*

De cette même loi découle une troisième considération d'une haute importance, et qui mérite d'être profondément méditée, mais qui s'applique uniquement aux relations entre les hommes.

3° Loi des mal-entendus. — *Les mal-entendus sont la cause des crimes et des malheurs du monde.*

Ces Lois générales paroissent devoir être étudiées et observées dans toutes les parties du monde *physique, moral, intellectuel, social et politique.* On les retrouve partout : elles exercent partout leur action, et ne sont jamais impunément violées. Chacun, dans sa sphère, peut les reconnoître, les vérifier, les prendre pour règles et pour guides. La vie particulière et commune, les affaires publiques, les évènemens politiques, la législation, la diplomatie, l'administration, les finances, le commerce, l'agriculture, l'industrie, les arts mécaniques, l'art militaire, la médecine, l'éducation, les sciences, les beaux-arts fournissent également des occasions et des moyens de les appliquer.

CHAP. XII. — Projet d'une *classification générale des sciences et des arts*, qui doit servir d'instrument commun pour appliquer notre méthode ; ou abrégés de plusieurs tableaux des sciences, reproduits et fondus dans une nouvelle division méthodique qui en présente l'ensemble et les principales branches, pour faciliter le moyen d'étudier et d'analyser, d'après une règle uniforme et commune, les ouvrages écrits sur les différentes parties des connoissances humaines : méthode qui a l'avantage de procurer *une grande économie de temps* dans les études. — L'importance de ce chapitre nous détermine à le publier en entier.

CHAPITRE XII.

TABLEAUX SOMMAIRES COMPARÉS DES CONNOISSANCES HUMAINES,

Et projet d'une nouvelle division générale des sciences en trois grandes classes.

Il est très-difficile d'établir une division méthodique, à-la-fois précise, exacte et complète, de toutes les sciences ; car, elles rentrent les unes dans les autres ; elles se touchent par tous les points ; elles s'entrecroisent dans toutes les directions ; elles sont les branches d'un même arbre, les avenues variées et multipliées à l'infini d'un inextricable labyrinthe, les membranes et les filamens d'un même corps ; enfin, les parties subdivisées, détachées, séparées, et en même temps combinées, coordonnées et identiques d'un seul tout.

Voilà comme j'ai conçu l'ensemble et les rapports, ou le système général des sciences.

J'ai ensuite été frappé de la nécessité de mettre de l'ordre dans cette riche collection de connoissances dont le monde intellectuel se compose, et j'ai successivement étudié la plupart des tableaux synoptiques des sciences qui ont été publiés.

J'ai reconnu la justesse et la profondeur des observations de d'Alembert dans son discours préliminaire de l'Encyclopédie : « Comme, dans les cartes générales du globe que nous habitons, les objets sont plus ou moins rapprochés et présentent un coup-d'œil différent, selon le point de vue où l'œil est placé par le géographe qui construit la carte ; de même, la forme de l'arbre encyclopédique dépendra du point de vue où l'on se mettra pour envisager l'univers littéraire. On peut donc imaginer autant de systèmes différens de la connoissance humaine, que de mappemondes de différentes projections ; et chacun de ces systèmes pourra même avoir, à l'égard des autres, quelque avantage particulier. Il n'est guéres de savans qui ne placent volontiers au centre de toutes les sciences, celle dont ils s'occupent, à-peu-près comme les premiers hommes se plaçoient au centre du monde, persuadés que l'univers étoit fait pour eux. La prétention de plusieurs de ces savans, envisagée d'un œil philosophique, trouveroit peut-être, même hors de l'amour-propre, d'assez bonnes raisons pour se justifier.

» Quoiqu'il en soit, celui de tous les arbres encyclopédiques qui offriroit le plus grand nombre de liaisons et de rapports entre les sciences, mériteroit sans doute d'être préféré ; mais, peut-on se flatter de le saisir ? La nature n'est composée que d'individus qui sont l'objet primitif de nos sensations et de nos perceptions directes. Nous remarquons, à la vérité, dans ces individus des propriétés communes, par lesquelles nous les comparons, et des propriétés dissemblables, par lesquelles nous les discernons; et ces propriétés, désignées par des noms abstraits, nous ont conduits à former différentes classes où ces objets ont été placés. Mais souvent, tel objet qui, par une ou plusieurs de ces propriétés, a été rangé dans une classse, tient à une autre classe par d'autres propriétés, et auroit pu tout aussi bien y avoir sa place. Il reste donc nécessairement de l'arbitraire dans la division générale.»

Les auteurs de l'Encyclopédie avoient établi la distinction ci-après des facultés de l'homme : *mémoire, raison, imagination*, qui sert de base à leur système.

« Les objets, continue d'Alembert, dont notre âme s'occupe, sont ou spirituels ou matériels, et notre âme s'occupe de ces objets, ou par des idées directes ou par des idées réfléchies. Le système des connoissances ne peut consister que dans la collection purement passive et comme machinale de ces mêmes connoissances ; c'est ce qu'on appelle *mémoire*. La réflexion est de deux sortes, nous l'avons déjà observé : ou elle raisonne sur les objets des idées directes, ou elle les imite. Ainsi, la *mémoire*, la *raison* proprement dite et l'*imagination* sont les trois manières différentes dont notre âme opère sur les objets de ses pensées. Nous ne prenons point ici l'imagination pour la faculté qu'on a de se représenter les objets, parce que cette faculté n'est autre chose que la mémoire même des objets sensibles, mémoire qui seroit dans un continuel exercice, si elle n'étoit soulagée par l'invention des signes. Nous prenons l'*imagination* dans un sens plus noble et plus précis, pour le *talent de créer en imitant*.

» Ces trois facultés forment d'abord les trois divisions générales de notre système, et les trois objets généraux des connoissances humaines. »

(35)>

PREMIÈRE CLASSIFICATION DES SCIENCES,

D'après l'Encyclopédie, réduite à ses principaux élémens.

Nota. La première idée de cette classification, comme le déclarent eux-mêmes les auteurs de l'Encyclopédie, dans leur discours préliminaire, appartient à BACON, génie vaste et universel qui a mérité d'être appelé le père de la philosophie moderne

ENTENDEMENT, *source commune des connoissances.*

I. HISTOIRE, qui se rapporte à la *mémoire.*

1° *Histoire civile*, ou des hommes et des nations, ancienne et moderne.

2° *Histoire naturelle*, comprenant aussi *l'histoire de l'industrie et des arts*, ou des divers usages que l'homme a faits des productions de la nature.

II. PHILOSOPHIE, qui est le fruit de la *raison.*

1° *Métaphysique générale*, ou *Onthologie*, ou *science de l'être* en général, de la possibilité, de l'existence, de la durée, etc.

2° *Science de Dieu*, ou *Théologie* ; d'où la *religion* ; d'où, par abus, la *superstition.*

3° *Science de l'homme*, comprenant trois sections :

Première section. — *Pneumatologie*, ou science de l'âme.

Seconde section. — *Logique* : art de penser, science des idées ; art de retenir, *mémoire* naturelle et artificielle ; écriture, imprimerie ; art de communiquer, science de l'instrument du discours, ou *grammaire* ; science des qualités du discours, ou *Rhétorique* ; mécanisme de la poésie, ou *versification.*

Troisième section. — *Morale générale*, ou science du bien et du mal, des devoirs en général, de la vertu particulière, embras-

sant la *science des lois* ou la *jurisprudence*, la *politique* et
l'*économie politique*.

4° *Science de la nature*, subdivisée en trois sections :

Première section. — *Métaphysique des corps*, ou *physique
générale*, qui traite de l'étendue, de l'impénétrabilité, du mouvement, du vide, etc.

Seconde section. — *Mathématiques : pures*, comprenant
l'*arithmétique*, l'*algèbre*, la *géométrie*; *mixtes*, embrassant la
mécanique, l'*astronomie géométrique* et la *cosmographie*,
l'*optique*, l'*acoustique*, la *pneumatique*, l'*art de conjecturer* ou
l'*analyse des hasards*, et les *arts physico-mathématiques*.

Troisième section. — *Physique particulière*, embrassant sept
branches : 1° la *zoologie*, qui comprend elle-même l'*anatomie*,
la *physiologie*, la *médecine* et l'*art vétérinaire*; 2° l'*astronomie
physique*; 3° la *météorologie*; 4° la *cosmologie*; 5° la *botanique*;
6° la *minéralogie*; 7° la *chimie* (1).

---

(1) Les auteurs de l'Encyclopédie, en séparant dans deux
classes différentes, d'une part l'histoire naturelle proprement dite,
ou la description et la classification des corps naturels et des
êtres; de l'autre, la zoologie, la botanique, la minéralogie, qui
en sont les principales branches, et la chimie qui s'y rattache
par les plus intimes rapports, ont voulu distinguer la partie
purement historique et descriptive ou d'observation, et la partie
rationnelle ou philosophique de l'histoire naturelle. Ils ont
compris cette dernière partie sous le nom général de *science de
la nature*; mais ils ont peut-être eu tort de séparer l'*histoire* et
la *science* des productions naturelles, deux choses essentiellement
unies qui ne sont que deux manières différentes de traiter les
mêmes objets, ou deux points de vue de la même connoissance.
Il paroît devoir en résulter une certaine confusion dans leur
système. Nous oserons également élever un doute sur la question

III. **Arts libéraux**, que fait naître l'*imagination*.

1° *Poésie*, sacrée, profane; narrative; dramatique; parabolique.

2° *Musique*, théorique, pratique; vocale, instrumentale.

3° *Peinture.*

4° *Sculpture.*

5° *Architecture civile.*

6° *Gravure.*

Telles sont les trois divisions fondamentales, et les principales subdivisions du tableau des sciences, qui sert de base à l'Encyclopédie. Un tableau du même genre, calqué sur le précédent, mais établi d'après d'autres proportions, termine l'*introduction à l'analyse des sciences* (1), ouvrage estimable et peut-être trop peu apprécié de M. Lancelin. Voici l'abrégé de ce tableau :

SECONDE CLASSIFICATION DES SCIENCES.

Abrégé du tableau synoptique des connoissances humaines, ou de la mappemonde philosophique des sciences et des arts, par P. T. Lancelin.

———————————————

de savoir s'ils ont eu raison de placer dans la même section de la science de la nature les mathématiques, connoissances ou méthodes d'application, qui semblent devoir appartenir à une classe totalement distincte, où nous proposerons de les placer dans notre projet de classification.

(1) *Introduction à l'analyse des sciences*, ou de la génération, des fondemens et des instrumens de nos connoissances, par *Lancelin*. 3 vol. in-8°, de l'imprimerie de Perroneau, an XI (1804). Se trouve à Paris, chez Firmin Didot. — Des *sens*, des *sensations*, des *habitudes* ; voilà ce qu'il importe le plus de former et de diriger dans l'homme.

NATURE (univers réel), et produits réguliers de la force (ou faculté) pensante.

Nota. Il n'existe et ne peut exister qu'une science réelle, positive, celle de la nature ; mais qui, envisagée sous ses points de vue principaux, peut offrir les *huit divisions fondamentales* qui suivent.

I. Élémens de l'univers, ou tableau des corps naturels.

II. Forces et propriétés primitives de la matière.

III. Sciences primitives, naissantes de la description des corps et de la classification des objets et des faits, comprenant sept grandes sections :

1° *Cosmologie* et *Cosmographie*, description et histoire de l'univers.

2° *Zoologie*, connoissance et histoire des êtres vivans et des animaux.

3° *Botanique*, connoissance et histoire des végétaux.

4° *Minéralogie*, connoissance et histoire des minéraux.

5° *Météorologie*, description et histoire des météores.

6° *Chimie*, science de l'analyse et de la combinaison des élémens des substances matérielles.

7° *Physique générale*, science des lois du mouvement et de l'action réciproque de toutes les parties du grand corps de l'univers.

IV. Science de l'homme (qui embrasse dix sections principales).

1° *Anatomie*, étude de toutes les parties solides et liquides d'où résultent la construction et le jeu des machines vivantes, et particulièrement du corps humain.

2° *Physiologie*, ou physique expérimentale du corps humain.

3° *Médecine*, art de conserver ou de rétablir la santé.

4° *Idéologie*, étude de la génération des idées et des connoissances.

5° *Grammaire universelle*, théorie générale des signes représentatifs de nos idées.

6° *Logique*, science des méthodes directrices de l'esprit humain.

7° *Éducation*, science de la formation de nos habitudes et du développement de nos facultés.

8° *Morale*, science des rapports, des droits et des devoirs naturels entre les hommes.

9° *Législation*, science des lois et des institutions publiques.

10° *Histoire et Chronologie*, offrant la série des faits naturels et de ceux de l'homme, et formant un élément commun à toutes les sciences.

V. *Sciences mathématiques* et *physico-mathématiques*, naissantes de l'expression analytique des quantités et des opérations de l'esprit humain sur la portion mesurable de nos idées, comprenant huit sections :

1° *Arithmétique*, ou science des nombres.

2° *Algèbre*, expression analytique et générale des quantités et de toutes leurs combinaisons possibles.

3° *Géométrie*, expression analytique des rapports et des lois de l'étendue mathématique.

4° *Mécanique*, expression analytique des lois du mouvement.

5° *Astronomie*, ou *mécanique céleste*, offrant l'analyse des forces agissantes sur notre système planétaire et l'explication des mouvemens réels ou apparens qui en résultent.

6° *Optique*, science des lois du mouvement de la lumière.

7° *Calcul des probabilités*, art de conjecturer et analyse des hasards.

8° *Arts physico-mathématiques.* — Architecture civile, navale, hydraulique, militaire; balistique et art militaire; manœuvres et tactique navales; art de niveler et de lever les plans, etc.

VI. *Arts mécaniques* et industrie humaine.

VII. *Beaux-arts* et *belles-lettres.*

1° *Dessin.* — 2° *Peinture.* — 3° *Gravure.* — 4° *Sculpture.* — 5° *Poésie.* — 6° *Musique.* — 7° *Langage d'action; danse, déclamation, pantomime.* — 8° *Éloquence*, dont la rhétorique établit les préceptes. — 9° *Archæologie*, ou science des monumens antiques.

VIII. *Vraie métaphysique et vraie philosophie*, ou *analyse universelle* (science résultante de toutes les sciences et de tous les arts qui lui servent de base, et dont elle est à son tour le régulateur); ou science des principes, sorte de législatrice de l'esprit humain.

A ce tableau de l'univers réel et de nos connoissances raisonnables et possibles, l'auteur en ajoute un second, qui est le tableau du monde imaginaire et des produits irréguliers de la force pensante, où sont rappelées les principales folies et les croyances ou recherches absurdes auxquelles l'esprit humain s'est abandonné.

Quelques critiques judicieux ont reproché, peut-être avec raison, à M. Lancelin d'avoir formé ce second tableau, et d'avoir présenté, comme une sorte de science positive, l'histoire des abus de l'art de penser. Il faudroit donc aussi mettre, à la suite du titre de chaque science, la théorie des erreurs qui lui sont opposées; ce qui ne tendroit qu'à égarer l'esprit dans un ténébreux labyrinthe. M. Lancelin a répondu qu'en dressant le tableau général et complet des différentes applications que l'homme a faites de ses facultés, il avoit cru devoir lui offrir, d'un côté, ce qu'il lui est utile de connoître et ce qu'il doit faire; de l'autre, ce qu'il doit éviter et les principales erreurs dont il lui importe de se garantir.

Nous trouvons, dans les *Élémens d'Idéologie* de M. Destutt-Tracy, une division générale des sciences que l'auteur rapporte à l'objet particulier de son ouvrage. Comme elle est remarquable par les trois caractères de la clarté, de la précision et de la simplicité, nous avons cru que nos lecteurs aimeroient à pouvoir la comparer avec les deux précédentes.

TROISIÈME CLASSIFICATION DES SCIENCES,

(Tirée des Élémens d'Idéologie de M. Destutt-Tracy), *divisée en trois sections.*

Première section. — Histoire de nos moyens de connoître : (trois parties).

1° Formation de nos idées, ou *idéologie* (1) proprement dite.

2° Expression de nos idées, ou *grammaire.*

3° Combinaison de nos idées, ou *logique.*

Seconde section. — Application de nos moyens de connoître à l'étude de notre volonté et de ses effets (trois parties).

1° De nos actions, ou *économie.*

2° De nos sentimens, ou *morale.*

---

(1) M. Destutt-Tracy recommande d'observer, pour tous ces noms, et surtout pour ceux de la section des sciences morales (deuxième section), qu'on doit y attacher, non pas la signification ordinaire, mais celle qui résulte des explications contenues dans son ouvrage, sans quoi on auroit une idée tout-à-fait fausse de ce qu'ils représentent.

3.ᵉ De la direction des unes et des autres, ou *gouvernement* (et *politique*).

Troisième section. — Application de nos moyens de connoître, à l'étude des êtres qui ne sont pas nous (1). (Trois parties.)

1.° Des corps et de leurs propriétés, ou *physique*.

2° Des propriétés de l'étendue , ou *géométrie*.

3° Des propriétés de la quantité, ou *calcul* (et *mathématiques*).

On voit que l'auteur des *Élémens d'Idéologie* place , à la tête de sa division des connoissances humaines, les *sciences méta-physiques*, auxquelles appartient sa science favorite ; qu'il arrive ensuite aux *sciences morales et politiques* , et qu'il termine son tableau par les *sciences physiques et mathématiques*. Il scroit intéressant d'étudier les raisons sur lesquelles se sont fondés d'ex-cellens esprits pour admettre ainsi des méthodes de classification différentes.

Je ne me permettrai point de prononcer entre les trois divisions des sciences , dont j'ai présenté les bases. Elles seront réunies et

---

(1) Cette distinction de l'étude des êtres qui ne sont pas nous, outre qu'elle n'est peut-être pas heureusement exprimée , ne pa-roît point d'abord exacte : car, l'étude de l'homme physique, ou de l'être matériel qui constitue essentiellement chacun de nous , et notre individu , est l'un des premiers objets dont s'occupent les sciences physiques. Mais l'auteur qui s'attache à considérer l'homme sous le rapport métaphysique, moral et intellectuel, a pu , en partant du point de vue particulier de sa science, re-garder l'étude de l'homme appliquée à son propre corps, qu'il compare avec les autres corps offerts à ses yeux , comme une étude qui se dirige sur un objet étranger à lui , ou qui n'est pas lui. Le véritable *moi humain* se manifeste, à plusieurs égards , dans l'entendement et dans la volonté.

comparées avec d'autres essais du même genre, pour être analy-
sées et discutées, dans l'ouvrage plus étendu qu'on a déjà annoncé. Après m'être appuyé sur les réflexions d'un de nos plus
grands philosophes (d'Alembert) et après avoir résumé quelques-
uns des travaux analogues au mien, et qui m'en ont en partie
fourni les élémens, je dois maintenant exposer la marche que
j'ai suivie pour arriver au même but : à une classification des
sciences, puisée, autant qu'il m'a été possible, dans la nature des
choses, et fondée sur des distinctions exactes et faciles à saisir.
Je dois également rendre compte des motifs particuliers qui m'ont
fait préférer la division générale que j'ai adoptée pour former le
tableau qui va suivre.

J'avois lu, avec un vif intérêt et une attention réfléchie, le tableau encyclopédique, ou système figuré des connoissances humaines, inventé, mais ébauché par Bacon, appliqué et développé
d'une manière imparfaite par les auteurs de l'Encyclopédie fran-
çoise, perfectionné peut-être, à certains égards, par Lancelin,
modifié avec succès sous quelques rapports, dénaturé sous
d'autres points de vue par M. Ampère, dans des leçons publiques à l'Athénée de Paris, sur la théorie des probabilités, appliquée aux différentes sciences. (La division établie par M. Ampère
sera reproduite dans l'Essai sur la philosophie des sciences). J'a-
vois retrouvé ce même tableau réduit à des termes infiniment plus
simples, comme on a pu le voir, dans les élémens d'idéologie de
M. Destutt-Tracy. Néanmoins, tous ces cadres, ces méthodes de
classification et de nomenclature m'avoient paru laisser beaucoup
à désirer. J'ai osé marcher sur les traces de ceux dont j'avois tâché
de bien étudier le plan et les vues. Je me suis proposé d'ajouter à
leurs travaux, en leur rendant hommage, comme aux premiers
qui ont débrouillé l'immense cahos de la science humaine. J'ai eu

l'intention, en profitant de ce qu'ils ont fait, de le reproduire avec des additions et des changemens qui me semblent offrir un ensemble plus complet, une division plus distincte et plus claire, et des résultats plus satisfaisans.

Un homme peut souvent, quoique très-inférieur en mérite à ceux qui sont entrés avant lui dans une carrière, faire cependant beaucoup mieux qu'eux. Car, il part du point où ils sont arrivés, tandis qu'ils ont eu un point de départ moins avancé. Voilà pourquoi des esprits médiocres vont quelquefois plus loin que des génies puissans qui leur ont ouvert la route. Cette réflexion, que je crois fondée, me soutient et m'encourage.

J'avois considéré l'*homme*, en traitant de l'éducation, ou de l'art de développer ses facultés, comme un tout composé de trois élémens : du *corps*, du *cœur* ou de l'*âme*, de l'*esprit* ou de l'*intelligence* proprement dite. En effet, chacune de ces parties constituantes se fait remarquer d'une manière distincte dans l'homme, quoiqu'elles aient toutes entre elles des rapports intimes et nécessaires, par lesquels elles semblent se confondre.

On doit peut-être regretter que le judicieux Condillac, qui le premier a porté le flambeau de l'analyse et de la philosophie dans les ténèbres de la métaphysique, n'ait envisagé que l'homme intellectuel, et qu'il ait paru oublier l'homme moral et sensible. Il parle d'abord de l'entendement et de la volonté ; il abandonne ensuite cette dernière considération, pour revenir à l'autre dont il s'occupe exclusivement.

Peu capable de marcher sur les traces de cet écrivain célèbre, j'ai voulu du moins éviter le même reproche, et j'ai tâché d'adapter exactement ma division des sciences à la nature même de l'homme ; les sciences et les arts ne devant en effet avoir d'autre objet que de relever la dignité de la nature de l'homme et d'améliorer la condition humaine. J'ai en même temps donné tous mes soins à chercher une division à-peu-près analogue à la marche que l'esprit a dû suivre dans l'acquisition des connoissances.

J'ai tâché d'appliquer à la division générale des sciences les principes du savant Haüy, sur les méthodes de classification, exposés dans le discours qui précède son traité de minéralogie : « Où trouver, dit ce naturaliste philosophe, des rapports plus propres à lier étroitement entre elles diverses substances (et j'en dis autant des sciences) que ceux qui sont fondés sur l'existence d'un principe identique? Où trouver des différences plus tranchées entre les mêmes substances (ou les mêmes sciences), que celles qui dépendent des principes particuliers à chacune d'elles? Or, classer les êtres d'un même règne (ou bien les membres épars du grand corps des sciences), c'est établir entre eux une comparaison suivie, d'après les rapports qui les lient et les différences qui les séparent. Cette comparaison sera donc la plus exacte, et en même temps la plus naturelle, celle qui prêtera le moins à l'arbitraire, si le moyen choisi pour l'établir est celui qui nous dévoile la composition et le fond de chaque substance (ou la nature intime de chaque science), qui nous apprend ce qu'elle est en elle-même, plutôt que celui qui ne nous en montre que les alentours, ou tout au plus les effets extérieurs. Il y a, dans cette opération, deux problèmes à résoudre. Le premier consiste à diviser et à sous-diviser l'ensemble des substances (ou des sciences) que doit embrasser la méthode, de manière que chacune y soit à sa véritable place. C'est ce qu'on appelle *classer*. Le second a pour objet de fournir des moyens faciles et commodes pour caractériser tellement chaque substance (ou chaque science) que l'on puisse la reconnoître partout où elle se présente et retrouver dans la méthode la place qui lui a été assignée. »

C'est ainsi qu'en soumettant les arrangemens méthodiques à des principes plus exacts et plus raisonnés, les savans ont multiplié les divisions et les sous-divisions, les classes, les ordres, les genres, qui sont des groupes d'espèces, les espèces qui sont des collections d'individus (1); ils ont en même temps motivé leurs classifications par la détermination des divers caractères ou rapports propres aux êtres que contient chaque division. Tel est surtout le service qu'ils ont rendu dans l'histoire naturelle où l'ensemble des productions, comme l'observe l'auteur déjà cité, formoit un tableau compliqué d'une multitude de détails au milieu desquels l'œil se perdoit au premier abord, et voyoit tout-à-la-fois, sans rien distinguer. Tel est aussi l'avantage qu'à l'exemple des auteurs de l'Encyclopédie, nous voulons offrir aux jeunes-gens pour leur faciliter l'étude du grand tableau des sciences, et des rapports que les sciences ont entre elles, et pour leur donner les moyens de s'élever, par degrés, des idées particulières aux idées générales, et de redescendre de celles-ci, à l'aide des distributions méthodiques, dans les détails des connoissances et des êtres, en

---

(1) « L'illustre Bacon, dit M. Haüy, avoit en vue cette manière d'envisager l'ordre méthodique, lorsqu'il comparoit la nature à une pyramide, dont la base étoit occupée par les individus en nombre presqu'infini; au-dessus de cette base, s'élevoient les espèces, formées de la réunion des individus, et qui s'étendoient par conséquent sur un espace moins large que la base : venoient ensuite successivement les genres composés d'espèces, puis d'autres genres supérieurs (ce qui répond à nos ordres et à nos classes), jusqu'à ce que la nature, après s'être rétrécie de plus en plus, se terminât à un point ou à l'unité. » (Bacon). Loi de la division et de la réunion.

faisant usage de la double échelle ascendante et descendante, indiquée par Bacon à l'entendement humain.

BASES D'UNE QUATRIÈME CLASSIFICATION DES SCIENCES,

Ou Précis d'une nouvelle division générale des connoissances en trois grandes classes.

ENTENDEMENT, PRINCIPE commun des connoissances.

CONSERVATION, PERFECTIONNEMENT DE L'HOMME INDIVIDU ET DE L'ESPÈCE HUMAINE, on *amélioration de la condition humaine ;* —BUT commun des sciences et des arts.

HOMME, inventeur, possesseur et objet unique des connoissances : elles partent de lui (ou de son entendement), se développent et agissent par lui, et se rapportent spécialement à lui.

Trois élémens primitifs et constituans dans l'homme, considéré comme être physique, moral et intellectuel ; d'où trois grandes classes de connoissances, savoir :

I. Le CORPS ou la force physique, d'où les *sciences physiques et naturelles, ou spécialement descriptives et d'observation :*

Formant la première classe, en rapport immédiat avec l'homme physique.

Usage et exercice des *sens.*

Étude, description et classification des corps naturels et des faits de la nature ; embrassant les êtres, les phénomènes, leurs lois, et employant surtout l'*observation* (physique), l'*expérience* (à plusieurs égards, rationnelle), et la *méthode* (partie instrumentale). Trois genres :

1° *Cosmographie ;*

2° *Physique générale et chimie ;*

3° *Histoire naturelle.*

(Et les différentes sciences dépendantes de ces sciences mères.)

II. L'Ame ou le Cœur et la Raison , d'où les *sciences méta-physiques* et *psychologiques* , *morales* et *politiques* , ou spécialement *rationnelles :*

Formant la *seconde classe*, en rapport immédiat avec *l'homme raisonnable et moral*, ou *sensible* (1).

Usage et exercice de la *raison* ou du *sens moral*, résultant de la conscience et de l'intelligence combinées ensemble.

Etude et considération rationnelle des faits de l'homme : embrassant les individus , les nations , les siècles , et observant surtout la nature intime de l'homme moral et social (partie descriptive et d'observation) , le principe et les causes des opinions et des actions humaines (partie spécialement rationnelle) , les effets ou les résultats (partie instrumentale et d'application). — Trois genres :

1° *Idéologie*, étude et description des facultés et des opérations intellectuelles.

2° *Théologie* et *Religions ; morale ; éducation ; législation* et *politique*.

---

(1) Le mot *sensible* veut dire ici *capable de recevoir les impressions faites sur les sens*. Les mots *sensation* , *sentiment* , *perception* , désignent l'impression que les objets font sur nous. Mais la *sensation* s'arrête aux *sens ;* le *sentiment* va au *cœur*, et la *perception* s'arrête à l'*esprit* (*Dictionnaire des Synonymes*). La vie la plus heureuse seroit sans doute celle qui se composeroit de *sensations* agréables, de *sentimens* purs et vifs, de *perceptions* claires et utiles : ce qui comprend les trois actions de *goûter*, *d'aimer* et de *connoître*, qui sont aussi relatives aux trois élémens de l'homme physique , moral et intellectuel.

5° *Histoire* civile des nations; *métaphysique* ou *analyse universelle*, et *philosophie générale.*

III. L'ESPRIT ou l'INTELLIGENCE proprement dite, et l'IMAGINATION, d'où les *sciences littéraires et mathématiques*, ou spécialement *instrumentales*, ou *sciences d'application et de méthodes* :

Formant la *troisième classe*, en rapport immédiat avec l'*homme intellectuel.*

Usage et application de l'*intelligence* proprement dite, de l'esprit et de l'*imagination.*

Invention des signes, des méthodes, des moyens artificiels ; embrassant les langues (partie spécialement *descriptive* de cette classe), le calcul et l'algèbre (partie plus positivement *rationnelle*), le dessin et les arts (partie spécialement *instrumentale* et d'application) , et employant surtout les lettres, les nombres, les figures et les machines et instrumens de toute espèce. — Trois genres :

1° *Grammaire générale*, *logique* et *littérature* proprement dite;

2° *Arithmétique*, *algèbre*, *géométrie* et sciences mathéma-*tiques*;

3° *Arts* divers *physico-mathématiques*, *mécaniques* et *chimiques* (action de l'homme sur la matière), et *arts libéraux*, ou *beaux-arts.*

DÉVELOPPEMENT DES VUES PROPOSÉES POUR LA CLASSIFICATION CI-DESSUS.

Il paroît vrai de dire que les sciences de la *première classe* ont, par leur nature et leur objet, un rapport plus direct avec le *physique* de l'homme, et avec son corps et ses sens. En effet, nos premières connoissances ont été appliquées aux choses purement matérielles qui nous environnent. La nature a été notre premier livre ; les sciences et les arts physiques, nos premiers et informes essais ; nos sens ont été nos premiers maîtres ; la distinction et la description des objets, leur premier ouvrage ; d'où j'appelle les sciences de cette classe spécialement *descriptives*.

Après avoir contemplé l'univers, l'homme est descendu dans lui-même par un mouvement secret et involontaire, et il a trouvé son cœur, son âme, ce foyer inconnu de ses sentimens, sa conscience, véritable sens moral, dont l'exercice et le développement ont créé pour lui des connoissances d'un ordre tout nouveau. Les sciences que nous plaçons, par ce motif, dans la *seconde classe*, tiennent essentiellement au **moral** de l'homme, à la réaction de ses sensations extérieures sur son état intérieur (réaction qui suit ordinairement la première action des corps et des objets matériels sur les sens). Elles sont les produits et les résultats de ses perceptions et de ses jugemens, ou d'une sorte de combinaison de la conscience et de l'intelligence, qui donne naissance à la volonté, base et point d'appui, cause motrice des actions. Enfin, elles découlent immédiatement de la *raison ;* d'où je suis porté à les appeler spécialement *rationnelles*.

La *troisième classe* comprend les sciences qu'on peut appeler spécialement *instrumentales*, parce qu'elles fournissent des instrumens et des méthodes à toutes les autres. Elles paroissent plus indépendantes du corps et des sens, ou du physique de l'homme, et en même temps de son moral. Elles ont une relation plus immédiate avec son esprit ou avec sa faculté pensante. Ce n'est que long-temps après avoir vu et remarqué son corps, et les autres corps ou objets matériels, et après avoir senti, par une impulsion secrète et irrésistible, son cœur ou sa conscience, que l'homme a pu distinguer son esprit et en faire usage. Les sciences naturelles et physiques ou *descriptives*, et celles que j'appelle *rationnelles*, ou morales et politiques, ont dû nécessairement exister avant les sciences *instrumentales*, ou littéraires et mathématiques. Les langues ou les théories des signes représentatifs des idées, les instrumens de tout genre, les inventions de l'esprit, les *méthodes artificielles* et *analytiques* sont venues après les *observations physiques*, et après les *réflexions morales*, qui constituent les deux premières classes.

J'ose donc espérer que j'ai adopté une division simple, claire, puisée dans la nature des choses et dans le véritable ordre qui doit résulter de l'origine, de la marche, des progrès et de l'enchaînement des sciences. Cette division me paroît les embrasser toutes et marquer entre elles une distinction exacte, precise, et des limites naturelles, faciles à reconnoître. Elle se rattache aux trois principes primitifs et constituans qui composent l'homme, et qui doivent servir de base à la science de l'*éducation*, ou de la formation, de l'exercice et du développement de ses facultés, et à l'*art d'employer le temps*, ou de faire, dans tout le cours de sa vie, l'usage le plus convenable et le plus salutaire de ces mêmes facultés, que l'éducation a formées, exercées, développées, dans l'enfance et dans la jeunesse.

Je dois insister encore sur une observation préliminaire et fondamentale, que j'ai déjà laissé entrevoir et qui fera mieux apprécier la classification que je propose. Quoique j'aie établi cette classification, en prenant pour base de la dénomination de chacune des classes le caractère qui a paru plus spécialement propre aux différentes sciences dont elle se compose, il est important de rappeler, et l'on ne doit jamais perdre de vue, que chaque classe des sciences et chaque science en particulier ont ensuite séparément, dans leurs sphères respectives, les trois mêmes parties bien distinctes, propres à chacune d'elles, correspondantes avec le caractère dominant de chacune des trois grandes classes ou divisions générales, savoir :

1° Une partie spécialement *descriptive*, et, pour ainsi dire, physique et matérielle, ou de pure observation ;

2° Une partie spécialement *rationnelle*, et, pour ainsi dire, morale ou de raisonnement et de jugement.

3° Une partie spécialement *instrumentale*, ou méthodique et d'application, d'intelligence proprement dite.

Parcourons, en effet, sous ce nouveau point de vue, nos trois classes des sciences, pour appliquer et vérifier notre observation.

La *première classe*, consacrée aux sciences physiques et naturelles, embrasse trois genres.

1° *Cosmographie*, ou description générale de l'univers, et des êtres qui le composent. (Partie spécialement *descriptive*.)

2° *Physique et chimie*, qui sont, à proprement parler, l'étude ou la considération rationnelle des lois générales et particulières, auxquelles sont soumis les corps et leurs divers élémens. (Partie spécialement *rationnelle*, dans la classe des sciences descriptives.)

3° *Histoire naturelle*, comprenant la classification méthodique des êtres et des corps répandus dans l'univers, et les applications de leurs différentes propriétés aux besoins et aux usages de l'homme. (Partie spécialement *instrumentale*, ou méthodique et d'application.)

La *seconde classe*, celle des sciences métaphysiques, morales et politiques, embrasse également trois genres, dont chacun offre aussi l'un des trois caractères dominans par lesquels on a cru pouvoir distinguer les sciences :

TABLEAU SYNOPTIQUE DES CONNOISSANCES HUMAINES,

D'APRÈS UNE NOUVELLE MÉTHODE DE CLASSIFICATION ;

PAR M. MARC-ANTOINE JULLIEN, DE PARIS.

ENTENDEMENT, principe commun des connoissances.

CONSERVATION, PERFECTIONNEMENT et FÉLICITÉ de l'homme individu et de l'espèce humaine, ou amélioration de la condition humaine : BUT commun des sciences et des arts.

HOMME, possesseur et inventeur des connoissances, qui dépendent toujours de l'action de son intelligence comme du principe d'où elles émanent, mais qui doivent être considérées, quant à leur objet et à leurs nombreuses applications, soit par rapport à l'homme lui-même, soit par rapport aux corps extérieurs.

Deux élémens primitifs et constitutifs dans l'homme, considéré d'abord comme être physique; puis, comme être moral et intellectuel.

Deux objets distincts des connoissances humaines : les corps matériels et l'intelligence; d'où l'on est porté à distinguer deux ordres de sciences : les sciences physiques et les sciences métaphysiques.

Deux points de vue qui s'appliquent à chacun de ces deux objets, suivant qu'on examine les faits eux-mêmes, ou les moyens inventés par l'homme; d'où l'on peut admettre deux classes distinctes dans chacun des deux ordres de connoissances : les sciences positives ou de faits, — instrumentales ou de méthodes; lesquelles classes se subdivisent, chacune en quatre genres, correspondans aux quatre principaux degrés de la marche naturelle et progressive de l'esprit humain, ainsi qu'il suit :

ORDRES.

PREMIER ORDRE.

A. SCIENCES PHYSIQUES ou relatives aux corps matériels, qui se divisent en deux CLASSES :

A¹ POSITIVES ou de faits (qui traitent des objets, tels qu'ils sont).

A² INSTRUMENTALES ou de méthodes(qui fournissent des instrumens et des méthodes à toutes les autres sciences et qui traitent des moyens inventés par l'homme.)

SECOND ORDRE.

B. SCIENCES MÉTAPHYSIQUES ou MORALES et INTELLECTUELLES, relatives à l'intelligence, divisées aussi en deux CLASSES :

B¹ POSITIVES ou de faits.

B² INSTRUMENTALES ou de méthodes.

TABLEAU SOMMAIRE
DES QUATRE GENRES DE SCIENCES,

Considérés dans leurs rapports avec les ORDRES et les CLASSES déterminés dans le Tableau général ci-contre.

GENRES.

PREMIER GENRE. — SCIENCES DESCRIPTIVES et d'OBSERVATION.

L'esprit humain OBSERVE d'abord et DÉCRIT les êtres et les faits, dans l'ordre dans lequel ils s'offrent à lui, soit par rapport au tems, soit par rapport à l'espace. (Faits bruts, observés et décrits.) Les philosophes contemplatifs sont spécialement propres à l'étude des sciences comprises dans ce premier genre.

I. Cosmographie. — Comprenant l'Uranographie, ou la description du Ciel, et la Géognosie, plus communément appelée Géologie ou description de la terre, et la Géographie physique. (Toutes les sciences secondaires et accessoires, qui dépendent de ces sciences-mères, sont comprises dans ce même genre.)	I. Histoire des sciences physiques et mathématiques. — (Description des phénomènes et des faits particuliers qui appartiennent à cette branche des sciences.)	I. Histoire civile du genre humain ... les différentes nations, qui se... tems, ce que la géographie est aux l'espace. Elle comprend la Chronologie, la Mythologie, l'Archéologie et la Numismatique, etc.	I. Histoire de l'esprit humain, ou de la philosophie morale et intellectuelle, et de la littérature.

PREMIER GENRE.

Philosophes contemplatifs et observateurs.

Observation et histoire :

Dans les sciences physiques : 1° Du globe (Cosmographie, etc.). 2° Des sciences physiques et mathématiques.

Dans les sciences métaphysiques : 1° Du genre humain (histoire civile, etc.). 2° De l'esprit humain (histoire littéraire, etc.).

SECOND GENRE. — SCIENCES DISTINCTIVES et de CLASSIFICATION.

L'esprit humain fait un pas de plus; il CLASSE les êtres et les phénomènes; il en DISTINGUE les genres et les espèces; il en transforme les expressions en termes équivalens, c'est-à-dire qu'il voit entre eux des rapports d'analogie. (Faits rapprochés, comparés et classés.) Ce second genre appartient essentiellement aux philosophes méditatifs.

II. Histoire naturelle. — (Classification et description des corps). Minéralogie, Botanique; — Zoologie, Anatomie comparée et Nosographie; — Système de la Nature ou classification des différens objets de l'histoire naturelle.	II. Calcul , soit arithmétique, soit algébrique, géométrique. — (Combinaison des formes et des grandeurs.)	II. Idéologie et Psychologie. —(Histoire naturelle de l'intelligence. Classification des... objets et des phénomènes intellectuels. Analyse de l'entendement humain, des facultés et des opérations ou des procédés de l'intelligence.)	II. Grammaire générale et grammaires particulières comparées entre elles, Littérature analytique. —(Classification des signes et des méthodes.) — Mnémonique, ou méthodes pour aider la mémoire.

SECOND GENRE.

Philosophes méditatifs ou penseurs.

Examen raisonné :

Dans les sciences physiques : 1° Des corps et des phénomènes physiques (histoire naturelle). 2° Des formes et des grandeurs (Géométrie, calcul).

Dans les sciences métaphysiques : 1° Des signes et des phénomènes intellectuels (Idéologie, etc.). 2° Des signes et des méthodes (Grammaire générale).

TROISIÈME GENRE. — SCIENCES SPÉCULATIVES et RATIONNELLES, ou d'INVESTIGATION, appliquées à la recherche des causes.

L'esprit humain, après avoir commencé par observer et décrire les êtres et les faits, après les avoir comparés et divisés en différentes classes, s'attache à les EXPLIQUER et à rechercher leurs causes. (Faits établis dans leurs causes et expliqués.) Cette troisième opération de l'intelligence, qui constitue et caractérise notre troisième genre de connoissances, appartient essentiellement aux philosophes théoriciens.

III. Physique, Chimie, Physiologie qui n'est que la physique et la chimie des êtres organisés. — (Recherche et explication des causes des phénomènes matériels.)	III. Système du monde ou mécanique céleste et astronomie. Mécanique rationnelle. — (Recherche et explication des lois qui gouvernent le monde.) — Optique, Acoustique.	III. Théologie naturelle, désignée proprement dite. — (Recherche des causes des phénomènes moraux et intellectuels, analogue à la recherche des causes des phénomènes matériels, qui est l'objet de la physique et de la chimie.) — Philosophie.	III. Doctrine de la perfectibilité, et moyens pour l'emploi du tems et d'améliorer l'homme.

TROISIÈME GENRE.

Philosophes théoriciens ou spéculateurs.

Recherche des causes, ou théorie et philosophie générale.

Explication plus ou moins conjecturale :

Dans les sciences physiques : 1° Des phénomènes matériels (physique, chimie, etc.). 2° Des lois qui gouvernent le monde (mécanique céleste).

Dans les sciences métaphysiques : 1° Des phénomènes moraux et intellectuels (Théologie naturelle, Métaphysique, etc.). 2° Des moyens propres à perfectionner l'espèce humaine.

QUATRIÈME GENRE. — SCIENCES PRATIQUES ou d'APPLICATION.

L'esprit humain APPLIQUE aux besoins et aux usages de l'homme toutes les connoissances contenues dans les trois genres précédens, pour chacune des quatre classes qu'on a déterminées. (Application des causes observées, comparées, approfondies, pour produire des effets.) Ce quatrième genre appartient spécialement aux praticiens. — Les praticiens ne peuvent appliquer avec succès les connoissances dont ils possèdent à fond la théorie.

IV. Arts physiques et chimiques : comprenant l'Agriculture et... qui s'en rapportent à l'exploitation des Mines; (les arts de teinture, la salpêtrie, la fabrication de la poudre à canon, l'artillerie, etc.) L'art si qu'on y applique) à la médecine, la thérapeutique et la clinique.	IV. Mécanique pratique et Technologie appliquée, comprenant : 1° la théorie des machines; 2° la navigation; 3° l'hydraulique; 4° l'emploi des pompes à feu et les machines à vapeur; 5° la tactique militaire ou la stratégie; 6° la typographie, etc.— (Application des connoissances... et mathématiques à l'usage de l'homme et à ses besoins.)	IV. Arts moraux et intellectuels, comprenant : 1° l'éducation; 2° la morale pratique; 3° la jurisprudence positive; 4° la politique; 5° l'économie politique et la statistique; 6° le commerce; 7° l'administration publique, considérée sous ses rapports essentiels avec le moral de l'homme.— (Application des connoissances qui précèdent dans les colonnes.) — Des Sciences Métaphysiques positives, aux besoins et aux usages de la vie humaine, au moyen desquelles on agit sur le moral de l'homme, ainsi qu'on agit, dans les arts physiques et chimiques, sur le vrai.	IV. Arts libéraux et Beaux-Arts, comprenant : 1° l'éloquence; 2° la poésie; 3° la musique; 4° le dessin; 5° la peinture; 6° l'architecture; 7° la sculpture; 8° la gravure... etc.
Les Arts physiques et chimiques s'occupent spécialement du NÉCESSAIRE.	Les Arts mécaniques s'occupent surtout de l'UTILE et du COMMODE.	Les Arts moraux et intellectuels s'occupent surtout du AIM et du VRAI.	Les Arts libéraux et les Beaux-Arts s'occupent spécialement du BEAU et de l'AGRÉABLE.

QUATRIÈME GENRE.

Applicateurs et praticiens.

Application-pratique des quatre classes des connoissances humaines, distinguées dans ce tableau :

Pour les sciences physiques : 1° Arts physiques et chimiques. 2° Arts physico-mathématiques ou arts mécaniques.

Pour les sciences métaphysiques : 1° Arts moraux et intellectuels. 2° Arts libéraux et beaux-arts.

En rapport avec les sciences positives.

En rapport avec les sciences instrumentales.

OBSERVATIONS GÉNÉRALES.

Il a paru convenable de diviser d'abord les sciences en DEUX grands ORDRES, d'après la nature même de l'homme et la nature des objets auxquels les sciences s'appliquent; puis, de subdiviser chacun de ces deux ordres en deux classes, d'après la nature même des connoissances humaines, occupées de faits ou de méthodes pour agir sur les faits; ce qui produit QUATRE CLASSES de sciences, deux dans chaque ordre; enfin, on a cru devoir compléter cette division des sciences en ordres et en classes, par une division correspondante des mêmes sciences en QUATRE GENRES, qui se rapportent aux opérations mêmes de l'esprit humain, dans la production des connoissances, et à sa marche naturelle et progressive.

On ne doit point oublier que chacun des quatre genres de sciences, compris dans notre tableau, et chaque science elle-même, peuvent reproduire, suivant le point de vue sous lequel on les considère, les quatre parties que nous avons appelées :

1° Descriptive, ou d'observation;
2° Distinctive, ou de classification;
3° Rationnelle, ou de jugement;
4° Pratique, ou d'application.

Mais, on a cru pouvoir admettre cette division de quatre genres dans les sciences, d'après les caractères spéciaux qui les distinguent. Du reste, une méthode de classification des connoissances humaines, comme toute autre méthode, a principalement pour objet d'aider la marche de l'esprit qui veut acquérir une idée claire et positive, quoique générale, d'une chose compliquée : on doit donc éviter, en poussant trop loin l'esprit méthodique, de tourmenter, pour ainsi dire, les sciences ou les êtres, pour les plier systématiquement à une forme donnée, ou à une combinaison arbitraire. L'ordre numérique adopté ici est également une chose de convention, qui résulte du mode de classification adopté, mais qui ne doit entraîner aucune idée de prééminence des unes sur les autres. C'est à un bon esprit à retirer de la science dont il s'occupe, et dont l'importance augmente à ses yeux, en proportion du tems et des soins qu'il met à l'approfondir, tous les avantages qu'elle peut comporter, et qu'elle paroît susceptible de procurer à l'espèce humaine.

1° *Idéologie* et *psychologie*, comprenant la description de l'homme raisonnable et moral ou sensible, et de ses différentes facultés rationnelles. (Partie spécialement *descriptive*, dans la classe des sciences rationnelles.)

2° *Théologie* et *religions*; *morale*, *éducation*, *législation* et *politique*, ou considération, modifiée de différentes manières, des nombreux mobiles qui peuvent agir sur l'esprit et sur le cœur humain, et des lois générales et particulières, par lesquelles l'homme raisonnable et moral est susceptible d'être gouverné. (Partie spécialement *rationnelle*.)

3° *Histoire civile*, ou histoire des hommes et des sociétés; *analyse universelle* ou *philosophie générale :* consistant, l'une dans la classification méthodique et chronologique des faits relatifs à l'homme, considéré comme être rationnel; l'autre, dans l'application de ces mêmes faits et des faits de tout genre observés et analysés pour en déduire des conséquences. (Partie spécialement *instrumentale*, ou méthodique et d'application, dans la classe des sciences rationnelles.)

La *troisième classe*, qui renferme les sciences littéraires et mathématiques, réunies pour la première fois sous la dénomination commune de sciences spécialement *instrumentales*, parce qu'elles procurent, en effet, les unes et les autres, des *instrumens*, des moyens auxiliaires et des méthodes aux autres sciences, est subdivisée, comme les deux précédentes, en trois genres qui offrent séparément les trois mêmes caractères.

1° *Sciences littéraires :*

Grammaire générale, *logique*, *littérature*, *éloquence*, *rhétorique*, *poésie*, etc., destinées à l'exposition et à la description des choses ou des faits, et des pensées qu'on veut exprimer par le discours.

(Partie spécialement *descriptive*, dans la classe des sciences instrumentales.)

2° *Sciences mathématiques, arithmétique, algèbre, géométrie, mécanique*, qui consistent dans l'étude, ou dans l'examen raisonné des quantités et de toutes leurs combinaisons possibles, ainsi que des rapports des lois de l'étendue (partie spécialement *rationnelle* des sciences de méthodes ou instrumentales).

3° *Sciences et arts physico-mathématiques, arts divers mécaniques et chimiques, arts libéraux* ou *beaux-arts*, comprenant toutes les applications des sciences à la pratique des arts qui soutiennent et embellissent la vie, et la classification méthodique des différentes branches de l'industrie humaine, de ses procédés et de ses productions (partie spécialement *instrumentale* et d'application, dans la troisième et dernière classe des sciences).

A la suite de ces éclaircissemens et de ces observations, qui seroient susceptibles de développemens plus étendus, sera placé le tableau d'une nouvelle division des sciences ; nous y avons introduit quelques changemens importans qui la font différer un peu de celle dont nous venons d'exposer les bases (1). On offrira, dans les chapitres suivans, l'explication abrégée du but que chaque science se propose, l'aperçu des services qu'elle a déjà rendus et de ceux qu'elle peut rendre encore à l'humanité, l'indication des rapports des sciences entre elles et la désignation des ouvrages les plus estimés qui ont traité de leurs différentes branches, et qui, dans chacune d'elles, peuvent être considérés comme classiques.

---

(1) Ce *Tableau des Sciences* est imprimé à part, et se trouve au bureau de la *Revue Encyclopédique*, chez Baudouin frères, libraires, rue Vaugirard, n° 36.

CHAP. XIII. — Projet d'une sorte d'*alphabet philosophique*, ou d'une collection de signes convenus, affectés à des considérations générales bien déterminées, auxquelles on peut appliquer son esprit dans ses lectures et dans ses recherches, à l'usage des hommes qui cultivent les sciences, pour faciliter entre eux les échanges de faits et d'observations, les moyens de communication et la circulation des lumières.

CHAP. XIV. — *Tableau* particulier *des sciences physiologiques et médicales;* ou carte spéciale de la médecine et des sciences qui en dépendent, destinée à fournir des indications pour établir des cartes semblables, des tableaux sommaires et analytiques, comprenant des divisions et des subdivisions analogues, dans les autres branches des connoissances humaines, considérées comme autant de provinces du monde intellectuel. (Ce tableau, soumis à des médecins éclairés, a obtenu leur approbation.)

CHAP. XV. — Projet de former une *Société d'émulation pour la lecture et l'étude des ouvrages historiques, scientifiques, philosophiques et littéraires*, ou organisation d'une sorte de *légion scientifique*, et application de quelques moyens empruntés à la tactique militaire, pour favoriser l'avancement des sciences et des arts.

CHAP. XVI. — Aperçu d'un *plan de campagne, de découvertes et de conquêtes à faire dans le monde intellectuel.* — Différences essentielles entre l'association qu'on propose, et toutes les sociétés savantes et littéraires qui ont existé jusqu'à présent. — OBJECTIONS prévues et réfutées.

CHAP. XVII. — RÉSULTATS et avantages d'une application rendue générale de la méthode de recherches, d'études et de lectures.

coordonnées, d'abord au profit des individus qui en feront usage ; puis, au profit de la société en général.

CHAP. XVIII ET DERNIER, contenant *trois sections ou paragraphes.* — *Résumé général et conclusion.*

I. De TROIS *grands* ÉLÉMENS : le TEMPS, les HOMMES, les RICHESSES, et des moyens de les mieux employer. — Les résultats d'utilité que pourroient produire, en faveur de l'espèce humaine, ces trois élémens appliqués avec discernement et avec constance à l'avancement des sciences et des arts, sont incalculables.

II. De SIX *grandes* INFLUENCES naturelles et nécessaires, et d'une meilleure direction à leur donner :

1. *Philosophie et religion.*

2. *Education et instruction.*

3. *Législation, politique et gouvernement.*

4. *Femmes*, dont l'*influence* naturelle et nécessaire est un mobile puissant qu'il faut savoir employer.

> *Des femmes ici-bas la suprême influence*
> *Peut devenir pour l'homme une autre providence.*

(Épître sur l'Influence des Femmes, par M. A. J.)

5. *Société, ou rapports des hommes entre eux :* opinions, *exemples.*

6. *Climats et localités.*

III. De la VIE HUMAINE et des SOCIÉTÉS CIVILES. Ce qu'elles sont ; ce qu'elles pourroient être.

M. ANT. JULLIEN, de Paris.

MANUEL ÉLECTORAL

A L'USAGE

DE MM. LES ÉLECTEURS

DES DÉPARTEMENS DE LA FRANCE,

CONTENANT : la *Charte constitutionnelle*, la *Loi sur les Élections*, l'*Ordonnance royale* relative à la *division des quatre-vingt-six départemens du royaume, en cinq séries*, conformément au tableau y annexé (pour le renouvellement annuel d'un cinquième des Membres de la Chambre des Députés); *le Procès verbal du Tirage au sort, pour déterminer l'ordre des séries dans lequel ce renouvellement aura lieu chaque année*, etc. Une INSTRUCTION FAMILIÈRE, pour tous les Français appelés à exercer le droit électoral; enfin, la *Liste de MM. les Pairs et deux Listes de MM. les Députés, dont l'une par ordre de séries, et l'autre avec des annotations particulières*. Par M. A. JULLIEN, de Paris, électeur *éligible* du département de la Seine. Seconde édition, Paris, Eymery, libraire, et Baudouin frères, 1818, in-18.

O N peut juger de l'esprit qui règne dans cet ouvrage, par les deux épigraphes qu'a choisies l'auteur.

« Si je pouvois, dit-il, faire en sorte que chaque François eût de nouvelles raisons pour aimer ses devoirs, son prince, sa patrie, ses lois.... je me croirois le plus heureux des mortels. » (Montesquieu, *Esprit des lois*.) — Le midi ou le nord, le continent ou la mer, ne font pas la force des nations; c'est l'esprit, l'énergie et le courage qui donnent tout et enlèvent tout. Celui qui s'agrandit n'a donc à redouter que ses passions, et celui qui succombe ne doit accuser que ses fautes. » — (C'est à des hommes doués d'une grande énergie morale qu'une nation doit confier ses destinées.) — MULLER , *Hist. univ.*

On a réuni, sous le titre de *Manuel électoral*, tout ce qu'il importe le plus aux électeurs d'avoir toujours présent aux yeux et à la pensée, pour bien s'acquitter de la mission délicate et difficile qui leur est confiée : 1° La *Charte constitutionnelle* , base et garantie de nos intérêts et de nos droits, règle de nos devoirs, lien d'union entre la nation et son Roi, expression fidèle du vœu commun des François, et de la volonté libérale du monarque dont elle est l'ouvrage. 2° La loi sur les élections, qui détermine les devoirs particuliers des colléges électoraux, la nature et les formes de leurs opérations. 3° L'ordonnance royale du 27 novembre 1816, concernant la division des quatre-vingt-six départemens en cinq séries, pour le renouvellement de la Chambre des Députés, à raison d'un cinquième par année. 4° Le procès-verbal du tirage au sort, qui a eu lieu dans la Chambre des Députés (séance du 22 janvier 1817), pour déterminer l'ordre des séries établies par l'ordonnance précitée, d'après lequel les renouvellemens partiels de cette Chambre auront lieu, d'ici à cinq ans et successivement. 5° Un arrêté de M. le Préfet du département de la Seine, du 1er mars 1817 , relatif à l'inscription des électeurs et à celle des égilibles. 6° Enfin, une instruction familière , contenant les principales considérations d'intérêt particulier et public, sur lesquelles il est essentiel de fixer l'attention et les méditations de chaque électeur. On a placé, à la fin de ce Manuel, la liste nominative de MM. les pairs de France, puis celle de MM. les membres de la Chambre des Députés, distribués dans le même ordre de séries, suivant lequel ils doivent être successivement remplacés.

Voici le résumé des maximes et des principes qui sont énoncés
dans l'Instruction familière :

1. Loi sur les élections : son but; ses avantages. 2. Caractère
essentiel de cette loi. 3. Les exécuteurs de la loi doivent se péné-
trer de son esprit. 4. Obligation imposée aux électeurs d'étudier la
Charte et la *loi sur les élections*. 5. Obligation d'en faire une application rigoureuse. 6. Responsabilité solidaire des électeurs. 7. Des
élections de députés qui ont eu lieu depuis vingt-cinq ans. 8. Des
réunions électorales, depuis 1789. 9. La nouvelle loi sur les élections fait espérer une représentation plus nationale que celles qui
ont précédé. 10. Leçons de l'expérience et du malheur à mettre à
profit. 11. Des causes premières de nos malheurs. 12. Besoin d'aimer
et de chercher la vérité. 13. Nous devons être mûris par l'adversité.
14. Epoque présente favorable pour obtenir de bons choix. 15. Des
principaux fondemens de nos institutions. 16. Vœu commun des
Françcois pour obtenir des députés qui puissent assurer le bonheur
de la France par la fidèle observation de la Charte. 17. Les pauvres
comme les riches, ont un intérêt direct dans le choix de ceux qui
doivent consentir les impôts, discuter et voter les lois. 18. Même
intérêt pour le gouvernement, qui ne peut jamais s'isoler de la
nation. 19. Comment de bonnes élections peuvent affermir le trône.
20. Opposition raisonnable aux abus : point d'appui et garantie pour
le gouvernement. 21 Résultats essentiels d'une bonne représentation
nationale, qui est le plus sûr gage du bonheur de la nation et le
plus ferme soutien de la monarchie. 22. Rapports nécessaires entre
la composition de la chambre des députés et tous les élémens de la
prospérité publique. 23. L'intervalle des cinq années pour lesquelles
les députés vont être nommés, est une période décisive. 24. Libé-
ration de la France, d'ici à cinq ans. 25. Discussion et adoption
probables des lois les plus importantes, dans le même intervalle

de temps. 26. Besoin vivement senti d'avoir de bons députés. 27. La première condition pour mériter les suffrages est un sentiment profond de dévouement à la patrie, et de fidélité au Roi. 28. Le poste de député, surtout dans les circonstances actuelles, exige un véritable courage. 29. De la députation de Paris, et de celle des autres grandes villes de France. 30. De quelques journées critiques de la révolution. 31. Influence naturelle de la capitale; combien il importe que cette influence ait une bonne direction. 32. Chaque département devient responsable du choix de ses députés envers la France entière, qu'ils sont appelés à représenter. 33. Situation particulière des députés du département de la Seine. 34. De la capitale, dans le temps des élections. 35. Des ambitieux qui se mettent en évidence; des hommes d'un mérite solide, qui ne savent point se faire valoir. 36. Examens préparatoires relatifs aux candidats. 37. Nécessité de neutraliser l'intrigue et la calomnie. 38. Usage à faire des listes imprimées des *électeurs*. 39. Listes des *éligibles*. 40. Listes particulières des *candidats* proposés. 41. Considération que donne à un candidat le caractère de ceux qui le proposent. 42. Comment les communications franches peuvent déjouer les manœuvres sourdes et illicites. 43. Faculté laissée aux électeurs de chaque département, par l'article 42 de la Charte, de choisir la moitié au plus des députés dans un autre département. 44. Des sentimens qui doivent animer les colléges électoraux : UNION, UNITÉ POLITIQUE. 45. Direction commune de ces colléges vers un même but. 46. Pourquoi des divisions, si nous voulons tous également le ROI *et la* CHARTE; si nous repoussons tous également l'anarchie et le despotisme? 47. Nous devons être tous d'accord sur les principes généraux de l'ordre social. 48. D'une fausse direction donnée trop souvent à l'esprit public. 49. Effacer les noms des factions; il ne doit y avoir que deux partis: *les hommes probes, les hommes corrompus.* 50. **Les** *vertus politiques*, étroitement liées aux *vertus privées*, sont néanmoins d'un ordre supérieur. 51. Danger de l'intolérance politique. 52. Consulter les *actions*, plutôt que les *opinions*. 53. Caractère d'un véritable *ami de la chose publique.* 54. Danger de confondre les *auteurs des excès de la révolution* avec les *vrais amis de la liberté.* 55. Danger d'appliquer injustement le nom de *Bonapartiste.* 56. — Ou celui d'*Ultraroyaliste.* 57. Observation rigoureuse de l'article 11 de la Charte, qui prescrit *l'oubli des opinions et des votes.* 58. Apprécier les hommes par leur valeur personnelle, non par une réputation souvent factice. 59. De quelques hommes long-temps étouffés par la calomnie, ou récemment tourmentés par des délations et par des soupçons injustes. 60. Choisir des hommes, sortis purs des épreuves de nos révolutions. 61. C'est dans une condition privée qu'on peut trouver quelquefois les meilleurs députés. 62. Les hommes nouveaux qu'on peut choisir, ne doivent pas être des hommes nuls, dénués d'expérience, et n'offrant aucune garantie. 63. Nécessité d'éclairer l'opinion sur les hommes bons et utiles, restés obscurs ou calomniés. 64. D'un préjugé dangereux qui empêche souvent l'homme d'un mérite réel de se présenter avec confiance. 65. L'honnête homme qui sent en lui les moyens de servir sa patrie, doit s'offrir à ses concitoyens. 66. Caractère de *l'intrigant.* 67. De quelques hommes dont il faut se défier. 68. De *deux sortes d'ambition.* 69. De *trois classes d'ambitieux*, distinguées par Bacon. 70. Appel à la conscience de chaque candidat. 71. Les électeurs doivent surtout se garantir de l'esprit d'apathie et d'indifférence. 72. Des *nonchalans* et des *passionnés.* 73. Causes et suites des mauvais choix. 74. Punition réservée aux électeurs négligens ou infidèles. 75. Ecarter soigneusement les hommes insoucians ou haineux. 76. Des esprits bornés et opiniâtres qui repoussent nos institutions actuelles. 77.

Caractère essentiel de ces institutions. 78. Foiblesse de l'ancienne monarchie, force de la nouvelle. 79. Rapports nécessaires entre la *liberté politique* et la *liberté civile*. 80. Différence entre la *monarchie constitutionnelle*, *l'anarchie* et le *despotisme*. 81. Toutes les opinions doivent se confondre dans la soumission à la CHARTE. 82. Attachement exclusif aux anciennes institutions, aussi dangereux que l'amour exclusif des nouveautés. 83. Le TEMPS, dit Bacon, est un grand *novateur*, qu'il faut savoir imiter. 84. Influence réciproque des hommes sur les institutions, et des institutions sur les hommes. 85. Influence salutaire d'un caractère de *probité politique*, commun à tous nos députés. 86. Influence de la vertu et de la raison du gouvernement sur la vertu et la raison de la nation. 87. Energie des députés doit être puisée dans leur conscience. 88. De la *constitution* et de la *paix*. 89. Soutenir et faire apprécier le caractère national. 90. Communauté d'intérêts de tous les peuples de l'Europe. 71. Besoin général, en Europe, d'une paix durable, qui dépend surtout de la tranquillité de la France. 92. Comment l'influence d'un gouvernement sur d'autres états peut être utile et durable. 93. Réduction proportionnelle des forces militaires des différentes puissances, moyen réparateur pour chaque état. 94. Des différentes classes de citoyens parmi lesquelles on peut choisir les députés. 95. Garanties morales qu'ils doivent offrir. 96. Des principaux devoirs qui leur sont imposés. 97. Comment ils peuvent remplir ces devoirs. 98. RÉSULTAT DÉFINITIF de la *révolution française*. 99. ORDRE, LIBERTÉ: deux élémens nécessaires de notre organisation sociale. 100. Utilité qu'un député se trace à lui-même par écrit la règle de conduite qu'il doit suivre.

PROJET D'INSTRUCTION pour un député qui veut justifier la confiance de ses commettans.

Nous croyons faire plaisir à nos lecteurs en reproduisant ici quelques-unes des vérités les plus importantes que renferme cette instruction.

« La corruption, l'égoïsme qui se trahit lui-même par un lâche abandon des intérêts de la patrie et par une fausse interprétation des intérêts particuliers ; la soif de l'or et du pouvoir ; une ambition mal entendue et mal dirigée ; l'oubli de toute morale publique et privée, mais surtout le mépris des vérités qui nous accusent et nous éclairent : voilà ce qui a produit les erreurs et les fautes dont nous avons éprouvé les déplorables suites. . . .

» Plus les députés seront fidèles à leur conscience et à leurs commettans, plus ils seront les interprètes courageux de la véritable opinion, ou plutôt de la conscience publique et du bon sens national, plus aussi le trône constitutionnel s'affermira sur la base inébranlable des volontés et des forces de l'immense majorité des Français. . . .

» Que chaque député soit honnête homme, dans l'acception la plus précise et la plus étendue de ce mot. Alors, la France, dignement représentée, sera mieux appréciée par l'Europe, et n'aura plus à la craindre. Notre gouvernement sera puissant pour faire le bien, et limité pour faire le mal. — En politique, les limites sont des garanties pour l'autorité du prince, comme pour la liberté du peuple. »

N. B. Cette analyse du MANUEL ÉLECTORAL, qui devait être insérée dans le dernier cahier des *Annales Encyclopédiques* (décembre 1818) à la suite de l'*Esquisse sur la Philosophie des sciences*, n'ayant pu y trouver place, on a cru devoir la conserver ici pour faire apprécier la profession de foi constitutionnelle de l'auteur, dont on a souvent calomnié les principes et le caractère.